叢書「排除と包摂」を超える社会理論 2
〔関西学院大学先端社会研究所〕

在日コリアンの離散と生の諸相
表象とアイデンティティの間隙を縫って

山 泰幸 編著

明石書店

叢書『「排除と包摂」を超える社会理論』序文

　叢書『「排除と包摂」を超える社会理論』全三巻は、関西学院大学先端社会研究所共同研究「「排除」と「包摂」の二元論を超える社会調査」(2012-2015年度)の研究成果である。その出発点は、次のような問題意識にある。

　1970年代以降、欧米社会では、「包摂型社会」から「排除型社会」へと移行しているという認識が生まれた。この傾向は、1990年代以降、グローバリゼーションとネオリベラリズムの大波の中、急速に進行していることは明らかであろう。そして、欧米社会のみならず、日本社会においても、同様の動きが、顕在化している。

　こうした動きに対して、社会のあり方を再創造する新たな社会思想の登場が期待されており、日本においても、たとえば、西欧思想史を援用しつつ、社会を多様性と複数性、流動性と包摂性からなる、「多にして一」の世界として再構想する思索などが登場している。

　もっとも、社会の再創造は、西欧思想史を導きの糸としてその作業を行う立場とともに、西欧とは異なる地域における生の経験に学びつつ、これを行うという道筋もありえるであろう。

　本研究は、欧米における社会思想形成の動向に配慮しつつも、後者の立場に立った社会構想研究を実施するものである。具体的には、「排除」と「包摂」の二元論的思考を超え出て、アジアにおける「排除」と「包摂」をめぐる経験の多様性の中から、「排除型社会」とは異なる社会のあり方を構想する知的資源、あるいは「排除型社会」を生き延びるための社会理論を取り出そうとするのが、本研究がめざすところである。

　以上のような問題意識に基づいた、四年間にわたる、さまざまな地域にお

ける調査と共同討議が、本叢書全三巻に結実した。本叢書を契機として、「排除」と「包摂」を「超え出る」ような議論が新たに高まれば幸いである。

　　　　　　叢書『「排除と包摂」を超える社会理論』編著者一同

目 次

叢書「排除と包摂」を超える社会理論2
〔関西学院大学先端社会研究所〕

在日コリアンの離散と生の諸相
——表象とアイデンティティの間隙を縫って

山　泰幸　編著

叢書『「排除と包摂」を超える社会理論』序文　　3

序　章　離散がもたらす生の諸相　　山　泰幸　　11
　　1　離散の時代　　11
　　2　アイデンティティと表象　　13
　　3　生活実践　　15
　　4　「在日コリアン」という言葉　　17

第1章　在日コリアン青年の民族的アイデンティティ
　　——1993〜2013年のデータを用いて　　金明秀　　21
　　1　はじめに　　21
　　2　データ　　24
　　　2-1　調査の背景　　24
　　　2-2　調査設計　　25
　　　　(1)　母集団　　25
　　　　(2)　標本抽出　　27
　　　　(3)　実査　　27

3　民族的アイデンティティの測定　28
　　3-1　意識と行動による包括的な尺度　29
　　3-2　意識と行動による包括的な尺度の因子構造　33
　　3-3　態度としての尺度　34
4　まとめと議論　37

第2章　ルーツと越境の現在
——グローバル都市ソウルで生活する在日コリアンの語りから　川端浩平　41

1　はじめに——岡山で出会った在日コリアンと韓国の経験　41
2　グローバル都市ソウルを歩く　44
3　「自分探しの旅」としてのソウル滞在　46
4　ソウルで働く、結婚する　49
5　カリフォルニアからソウルへ　52
6　社会運動の現場を歩く　55
7　韓国から北朝鮮を眺める　57
8　おわりに——越境する在日たち　59

第3章　在日済州人、境界人としての意味と役割　許南春　65

1　序　65
2　在日済州人の心を読む　67
3　在日コリアンの過去と未来　68
4　総聯と民族学校の未来　71
5　在日済州人との協力　73
　　5-1　在日済州人と協力の必要性　73
　　5-2　協力構築の問題点　74
　　5-3　協力構築の方案　75
　　5-4　在日済州人との交流プロジェクト　76
6　韓日境界人としての役割　77

第4章 ヴァナキュラー
——在日コリアンの事例から　　島村恭則　79

1. ヴァナキュラーとは何か　79
2. 「民族文化」「民族的アイデンティティ」と
   ヴァナキュラー　81
   - 2-1　ヴァナキュラー　81
   - 2-2　「民族文化」「民族的アイデンティティ」と
     ヴァナキュラー　84
     - (1) 言　語　84
     - (2) 衣・食・住　86
     - (3) 祖先祭祀　87
     - (4)「民族的アイデンティティ」　89
3. 「多文化共生」とヴァナキュラー　91

第5章 在日コリアン宗教者と宗教的なるもの
——エスニック宗教文化の周辺　　山口　覚　99

1. はじめに　99
2. 宗教文化と宗教的なるもの　101
3. 神戸市の「日韓親善の寺」、法徳寺　105
   - 3-1　神戸市の法徳寺　105
   - 3-2　劉日海氏の人生と法徳寺の創建　107
   - 3-3　法徳寺における信者・宗教文化とその周辺　112
4. 日本の宗教施設とコリアン宗教者　113
   - 4-1　熊野若王子神社とコリアン宗教者　113
   - 4-2　風師不動明王院に集うコリアン宗教者　116
5. 朝鮮寺の変容　119
   - 5-1　宝教寺のその後　119
   - 5-2　金峯寺から山修学宝秀院へ　122
6. まとめにかえて　123

第6章　在日済州人の渡日と親睦会研究
——「在日本済州島親睦会」の活動を中心に　　李昌益　127

1　はじめに　127
2　在日済州人の渡日と暮らしぶり　128
　2-1　在日済州人の渡日と社会的状況　128
　2-2　在日済州人の職業と暮らしぶり　130
3　在日韓国人共同体の成立と性格　131
　3-1　共同体の成立　131
　3-2　共同体の性格と活動そして拡大　133
4　在日済州人共同体の成立と性格　134
　4-1　在日済州人共同体の成立　134
　4-2　在日済州人共同体の性格　135
5　在日済州島親睦会の成立と活動　135
　5-1　済州島と在日済州人との交流　135
　5-2　済親会の成立と活動状況　136
　　(1)「人和親睦」　138
　　(2) 人格向上　138
　　(3) 郷土との紐帯強化　138
　5-3　済親会の教育関連事業　139
6　おわりに　141

第7章　在日コリアンの表象　　難波功士　143

1　在日コリアン表象とは　143
2　1950年代～　——清く、正しいものとしての　145
3　1970年代～　——強く、哀しいものとしての　149
4　1990年代～　——実存的ないしリアルなものとしての　151
5　2000年代～現在
　　——美しいもの、もしくは疎ましいものとしての　154
6　おわりに　155

終　章　離散がもたらす生の記憶の保存をめぐって
　　　　　　　　　　　　　　　　　　　　　　　山　泰幸　163
　　　1　人物記念館と集合的人格　163
　　　2　負の記憶　164
　　　3　困難を克服するプロセス　167
　　　4　寄贈と愛郷心　169
　　　5　比較の視点から　170
　　　6　おわりに　171

あとがき　174

索　引　181

序　章

離散がもたらす生の諸相

山　泰幸

1　離散の時代

　19世紀末から20世紀にかけて、帝国日本の形成プロセスにともない、日本列島の周縁・周辺地域では植民地化が進み、アジア・太平洋戦争を契機として、より広範な地域が占領地化される。敗戦による帝国の崩壊とその解放、さらにその後の東西イデオロギー対立による混乱を経て、この間に、既存の境界を越えて、膨大な数の人々が移動するという事態が生じることとなった。

　以上のような、「人の移動」という現象への着目は、たとえば、帝国日本の形成と崩壊のプロセスにおける、かつての帝国版図内での人の移動について包括的に追跡している蘭信三編『帝国以後の人の移動──ポストコロニアリズムとグローバリズムの交錯点』をはじめとして、蘭らを中心に大部の研究成果がいくつも刊行されている（蘭 2013）。さらに、『人の移動事典』が刊行されるなど、「人の移動」という現象は、近年、大きな関心を集めるとともに、グローバルな観光現象の人類学から、自動車移動の社会学まで含めて、重要な研究領域として確立されている（吉原 2013）。

　ここで強調しておきたいのは、本書で扱う「人の移動」は決して平穏なものではないということである。土地を奪われ故郷を追われた者、貧困のなか新天地に生活の糧を求めて故郷を去った者、強制的に連れ去られた者、戦争の混乱のなかで故郷を失い家族と生き別れになった者など、限界状況において生命の危険、生存の危機をともなった移動であったのである。

膨大な数の人々の移動は、流入先の社会に大きな葛藤をもたらすことになる。政策的にあるいは日常生活のレベルにおいて、不可避的に、「排除」と「包摂」の動きが生じ、そうした動きに人々は巻き込まれていく。注意したいのは、こうした動きは、送り出す側の社会においても生じており、人々の移動という事態をもたらしている点である。つまり、国際環境の変化のうねりのなかで、「排除」と「包摂」の動きが生じており、それらが人々の移動を促すとともに、逆に人々の移動がそうした「排除」と「包摂」という動きを刺激し、顕在化させる。人々は流入先の社会の周辺的存在として位置づけられ、困難な生を強いられることになるのである。これは単なる移動ではない。苦難に満ちた経験をともなう移動、「離散」である。
　本書が対象とするのは、帝国日本による植民地化とその崩壊による独立、東西のイデオロギー対立による混乱、朝鮮戦争による国家と民族の分断などを背景とした、朝鮮半島にルーツを有する人々、「コリアン」の離散という現象である。特に、離散という経験が深く刻み込まれている在日コリアンの生の諸相である。
　「離散」という言葉は、「撒き散らす」という意味のギリシャ語を語源とするディアスポラ（*diaspora*）の訳語として、しばしば用いられる。本来はユダヤ人の歴史的経験を表すのに用いられたが、近年、国民国家の枠組みを超えた、民族集団の移動とそれにともなう経験を表す言葉として頻繁に用いられるようになっている。もっとも、論者によって定義に違いがあり、ディアスポラという概念で把捉すべき対象の妥当性についても議論がある。また、研究の進展につれて、意味合いも微細に変化しているものの、現在では、「ディアスポラ」とカタカナで表記する場合も多く、臼杵陽監修・赤尾光春・早尾貴紀編『ディアスポラから世界を読む――離散を架橋するために』（2009）、陳天璽・小林知子編『東アジアのディアスポラ（叢書グローバル・ディアスポラ　全6巻の第1巻）』（2011）など、日本においても用語として定着してきている。
　「コリアン・ディアスポラ」を書名に冠する研究書も多く刊行されている。ソニア・リャン『コリアン・ディアスポラ』（2005）をはじめとして、松田素二・鄭根埴編『コリアン・ディアスポラと東アジア社会』（2013）、今西一編『北東アジアのコリアン・ディアスポラ――サハリン・樺太を中心に』（2012）、高全恵星編『ディアスポラとしてのコリアン　北米・東アジア・中央アジ

ア』(2007) などである。在日コリアンばかりでなく、サハリン・樺太に取り残されたコリアンたち、中央アジアに移住させられた高麗人〔コリョサラム〕、延辺朝鮮族自治州をはじめ中国東北部、北米やハワイに移住したコリアンなど。東アジアを中心に世界各地に散らばっているコリアンがディアスポラとして捉えられることで、それまで不可視となっていた人々の存在が可視化され、関連づけられて、共通の視野に収められるようになったのである。このことは、離散している者たちをつないでいくうえで、認識論的にだけでなく、実践的にも大きな意味を持っているだろう。

以上のような同時代的な潮流に影響を受けながら、これを念頭に置きつつも、しかし、本書のタイトルには、「ディアスポラ」ではなく、「離散」という語を採用した。その理由は、「離散家族」という言葉に象徴されるように、朝鮮戦争の混乱と冷戦による国家と民族の分断によって、親子兄弟が生き別れた多くの人々がおり、在日コリアンの生の諸相を考える際に、その固有の歴史的背景と独特の意味合いが「離散」という語には込められていると考えるからである。

2 アイデンティティと表象

いかに民族として生きるべきか。民族的アイデンティティをめぐる問いは、離散を経験した民族にとって、おそらく不可避的につきまとう拭い去れない問いの一つであろう。在日コリアンの民族アイデンティティの現状と趨勢について、量的調査のデータをもとに取り組んだのが、金明秀論文（第1章）である。

金明秀によれば、在日コリアンにとって、民族的アイデンティティをめぐる問いが先鋭化してくるのは、戦後日本生まれの在日二世が一斉に成人を向かえた1970年代に入ってからである。この背景には、言語能力や文化的伝統など国家に同一化するための資源が失われたこと、朝鮮半島の2国家との往来が増えたことによって逆に祖国との違いが強く認識されるようになったこと、日本国内の政治状況が既成の価値観への異議申し立てを許容する時代に突入したことなどが複合的に作用したと考えられるという。

こうしたなか、「在日論」という問題系が登場する。この特徴の一つは、

「理想的なコリアン」と「現実の自分（たち）」のかい離をどのように理解すればよいのかという問題設定を基本としている点である。コリアンに対する植民地主義や同化主義を日本社会が清算できていない当時の時代状況では、在日コリアンの現状を前提とした主張は同化を追認する隷属性の表れにすぎないと解釈されることが多く、「理想的なコリアン」の状況を概念的に想定したうえで、そこにいかにしてたどり着くべきかが課題とされた。その結果として、「現実の自分（たち）」に関する正確なデータを必ずしも必要としなかったという。

そうした事態を大きく打開することになったのが、1993年に在日韓国青年会が福岡安則・金明秀と実施した「第3次 在日韓国人青年意識調査」（以下、第3次調査）である。金明秀自身も参加したこの調査によって、在日コリアンの歴史において初めて全国規模の確率標本が収集され、これによって空論になりがちだった「在日論」に現実的な手がかりが与えられるようになった。さらに20年後の2013年に、「第4次 在日韓国人青年意識調査」が実施される。金明秀論文では、これら二つの調査データを通じて、在日韓国人青年の民族的アイデンティティの現状と趨勢を明らかにする。

一方、在日コリアンの3、4世の若い世代に関する聞き取り調査のデータをもとに、そのアイデンティティについて考察したのが、川端浩平論文（第2章）である。川端は、2002年から行っている岡山での若い世代の在日コリアンの聞き取りから、彼／彼女らが、韓国への旅行や留学の経験をしている者が多いことに気づいたという。その背景には、グローバル化と冷戦構造の変質により、日本と韓国のイメージが変化していることがあげられる。若い世代の在日たちは日韓に生じている同時代感覚を受けるなかでアイデンティティを形成しているのである。川端のいう同時代感覚とは、グローバル化を通じて標準化された日本と韓国のイメージのみに照準を合わせ、両者のあいだには発展をめぐる時差や不均衡は存在しないと捉えるような認識を指している。また、もう一つの背景として、集住地域を離れて郊外化した環境で生活するようになり、若い世代の在日たちはかつてのような集団に対する露骨な差別を経験していないかわりに、集団的なアイデンティティを形成するような経験を持たない者たちが多数派となったことがあげられる。

川端論文では、このような背景のなか、ソウルで生活するようになった在

日への聞き取り調査と、その5年後に実施した電子メール・電話・SNSを通じた追跡調査のデータをもとに、在日の若い世代の韓国での生活体験のリアリティを考察し、非集住的環境で育った彼ら／彼女らの越境体験を通じたアイデンティティの形成と変容の意味に対する理解を深めることを試みている。

　ところで、以上のような在日コリアンのアイデンティティの形成や変容は、日本社会からの眼差しと切り離して考えることはできないだろう。在日コリアンがどのように表象されているのか、あるいは表象されてきたのかについて考察したのが、難波功士論文（第7章）である。難波論文では、戦後日本社会における在日コリアン像を考える手掛かりとして、114本の映像作品を取り上げている。114本中、ドキュメンタリー映画は13本、ドキュメンタリー番組6本、バラエティ番組1本、テレビドラマ10本、いわゆる「Vシネ」的なもの14本、アダルト作品4本、他の66本は劇映画であり、広範囲のジャンルの映像をカバーしたうえで、1950年代から現在に至るまで、膨大な数の映像作品を整理して、初期の社会派的なものから、近年の嫌韓ムード的なものまで、年代ごとの特徴を明らかにしている。詳細は本論に譲ることにするが、難波が、「あくまでも個別のコンテンツ内での在日コリアン像の変遷を概観」していくものであり、また、時代ごとの「日本社会における一般的な在日コリアン観（集合表象としての在日コリアン）」を明らかにしていくうえでの「まず手始めの資料整理の段階にある」と述べる控えめな言葉とは裏腹に、114本もの映像作品に目を通し、1950年代から現在に至るまでの在日コリアン表象の変遷の大筋を把握しようと試みた力作となっている。

3　生活実践

　一方で、アイデンティティをめぐる語りの次元と表象の次元の間には、その間隙を縫うように、広大な生活実践の領域が広がっている。こうした生活実践の現場に迫ろうとしているのが、島村論文（第4章）である。島村は福岡市の在日集住地域をフィールドに、『〈生きる方法〉の民俗誌――朝鮮系住民集住地域の民俗学的研究』というエスノグラフィを公刊している（島村 2010）。島村によれば、これまでの在日についての調査・研究は、在日の

人びとが持つ「民族文化」や「民族的アイデンティティ」について、それがどのように「持続」しているか、あるいは「変容」しているか、といった点を明らかにしようとするものが多かったが、それらは、在日の生から、「民族文化」や「民族的アイデンティティ」に相当するものを抜き出して分析したにすぎず、在日の生を正面から捉えていないのではないかとし、現地調査において、在日の生のあり方をそのまま素直に観察すると、「民族文化」や「民族的アイデンティティ」だけでは説明しきれないような世界があることに気づいたという。島村は、フィールドに生きる在日の人びとによって生み出され、生きられた経験・知識・表現を捉える視点として、近年、民俗学で注目されている理論的キーワードである「ヴァナキュラー（vernacular）」という概念を取り上げている。現象学や現象学的社会学などの「生活世界」の概念などと突き合わせて検討し、「ヴァナキュラー」概念の射程と有効性を論じるとともに、在日コリアンの生について考察する新たな視点を提示する。

島村論文が指摘するように、生活実践の現場では、生きるための眼前の営みが前景化し、むしろ「民族文化」や「民族アイデンティティ」は背景に退いていくことになる。同様に、民族の壁、文化の違いを乗り越えて、在日コリアンと日本人とが共通の生活実践の現場を築くこともある。山口覚論文（第5章）では、在日コリアンの宗教者が日本の宗教界のもとで寺院を建立し在日コリアンと日本人の信者を得ているケースやコリアン宗教者と関わりをもっている日本の寺社、また朝鮮寺と呼ばれてきた在日コリアンの宗教施設が世代交代のなかで日本人に継承されるケースなどを取り上げて、在日コリアンと日本人との間で「エスニック宗教文化」が混淆し、相互乗り入れしている実態を報告している。このことは、「民族文化」や「民族アイデンティティ」がエスニックな宗教文化を構成する重要な資源となりながらも、必ずしも排他的に作用するわけではないことを示すものであり、宗教生活の実践のリアルな現状を伝えている。

以上の諸論文に加えて、本書では、済州大学校在日済州人センターの二名の研究者の論文を収録している。

許南春論文（第3章）では、2011年に設立された在日済州人センターの約10年間の準備期間において、在日済州人から寄付を募ったり、渡日後の生活に関する貴重な資料を探し求めるなどの活動を通じて実施した日本各地で

の調査や見聞を交えながら、済州島と在日済州人とのこれからの関係構築のあるべき姿を模索し、境界人としての在日済州人の意味と役割、その可能性について論じている。特に、済州島の経済振興を進めるうえでの次世代の在日済州人との交流の必要性を説くとともに、そのために済州島が次世代の在日済州人に何が提供できるのかについて提案をしている。李昌益論文（第6章）では、在日済州人の渡日後の生活を支えた共同体である親睦会について取り上げている。在日済州人の渡日の背景となる経済状況や職業分類などから説き起こし、日本各地で成立した村単位の親睦会がやがてより大きな単位へと再編成されながら、日本での生活を支える互助活動だけでなく、故郷の発展に貢献するために様々な寄贈活動を行ってきた歴史などを取り上げて、親睦会の共同体的性格とその果たした役割について明らかにした貴重な研究となっている。

4 「在日コリアン」という言葉

以上、本書に所収の論文の概要を紹介したが、論者によって、「在日コリアン」や「在日韓国人」など使用している言葉に違いがある。この点について説明を加えておきたい。

島村論文では、注において、「在日コリアン」を次のように定義している。

> ここで在日コリアンとは、日本帝国主義による植民地支配を最大の要因として日本列島に移住した朝鮮半島（済州島を含む）出身者およびその子孫をさすものとし、朝鮮籍者、韓国籍者に加え、かつて朝鮮籍もしくは韓国籍で、のちに日本国籍を取得した者や、朝鮮籍者、韓国籍者と日本国籍者との間に生まれた子やその子孫をも含めることとする。なお、以下では、在日と略記する。

以上の定義がおよそ包括的なものであり、本書の各論文も基本的に島村の定義を念頭に読み進めていただいてよいと考えるが、議論によって細かい使い分けが必要な場合がある。たとえば、金明秀論文では、注において次のように説明している。

「植民地支配に起因して日本に居住するようになった朝鮮半島出身者およびその子孫」を指示する場合は「在日コリアン」とする。在日コリアンのうち、とくに韓国籍を持つ者だけに言及する場合は「在日韓国人」とする。また、「韓国国民登録名簿」の構成員を指示する場合も、その実際の国籍に関わらず、「在日韓国人」とする。在日韓国人のうち、特に第3次および第4次調査の母集団を指示する場合は「在日韓国人青年」とする。

　金明秀論文の場合には、取り扱うデータの性格上、用語の細かい規定が必要になっている点に注意しなければならない。

　また難波論文では、「在日コリアン」を、「①現在の日本国の範域内に生活の拠点を持ちつつ、②自身のアイデンティティやオリジンとして、コリアンネスという民族性や朝鮮半島（および沿岸諸島）という場所を意識している（させられている）人々すべてである」と述べており、「意識」のレベルという人々の内側に根拠を求めており、島村とは別の意味でより包括的な定義ということができるだろう。

　興味深いのは、川端論文のように、特に在日コリアンの定義はなされず、朝鮮半島にルーツをもつ若い世代を広く扱っているものがある点である。これは過去の歴史的要因が必ずしもアイデンティティの内容を決定していない世代が現れていることと相関していると考えられる。つまり、「在日コリアン」という言葉を用いながら、その言葉の中身そのものを探ること自体が課題となるような時代を迎えているのである。

　このように本書では、論者ごとに定義が微妙に異なっているが、しかし、これこそが離散という本書のテーマを如実に示しており、本書の特徴でもある。

　なお、済州大学校の研究者の二本の論文の日本語訳にあたっては、これらの定義を参考にしながら、たとえば、「在日コリアン」全般を「在日韓国人」と表現している場合などは、韓国人研究者の立場からの概念規定があると考えられるが、本書では、「在日コリアン」に統一して訳していることを断っておく。

以下、アイデンティティ、生活実践、日本社会における表象などを取り上げて、離散がもたらす在日コリアンの生の諸相に迫っていく。

［文献］

蘭信三編（2013）『帝国以後の人の移動——ポストコロニアリズムとグローバリズムの交錯点』勉誠出版。

今西一編（2012）『北東アジアのコリアン・ディアスポラ——サハリン・樺太を中心に』小樽商科大学出版会。

臼杵陽監修・赤尾光春・早尾貴紀編（2009）『ディアスポラから世界を読む——離散を架橋するために』明石書店。

高全恵星編（2007）『ディアスポラとしてのコリアン　北米・東アジア・中央アジア』新幹社。

島村恭則（2010）『〈生きる方法〉の民俗誌——朝鮮系住民集住地域の民俗学的研究』関西学院大学出版会。

ソニア・リャン（2005）『コリアン・ディアスポラ』明石書店。

陳天璽・小林知子編（2011）『東アジアのディアスポラ』明石書店。

松田素二・鄭根埴編（2013）『コリアン・ディアスポラと東アジア社会』京都大学学術出版会。

吉原和男編集代表（2013）『人の移動事典』丸善出版。

第1章

在日コリアン青年の民族的アイデンティティ
――1993〜2013年のデータを用いて

金明秀

1　はじめに

　「いかに民族として生きるべきか」という問いは、多くの在日コリアン[1]にとって重大な問いであった。個人の生き方を問いながら「民族として」というマクロな概念を用いるレトリックにはどこか言葉としての不自然さがつきまとうが[2]、にもかかわらず、《そうとしか表現できない何かがある》という実感を伴いながら、この問いはしばしば在日コリアンが生き方を模索する場面で真摯な議論の対象となってきた。「いかに民族として生きるべきか」という問いをあえて翻訳するなら、「植民地主義や同化主義の根強い日本にあって、いかに民族的アイデンティティを確立し、いかに抑圧的な社会構造に抵抗し、いかに民族的な生活と思考を実践すれば、真に自由にあるがままの自尊心を持って生きることができるのか」といったところであろうか。裏を返すと、「民族として」の社会洞察と歴史認識に裏付けられたアイデンティティを確立できないかぎり、日本社会で自由に生きることは難しいという実感を反映した問題設定だといえる。民族的な帰属状態からいえばコリアンの一員であっても、言語、宗教、生活様式など、エスニシティを証明する文化的内実を十全には持たないということや、国家的な帰属は韓国・朝鮮にあっても実際に居住しているのは日本だという不一致など、在日コリアンは「民族として」のアイデンティティ確認を迫られる条件の中で生きている。
　日本に居住するコリアンの民族的アイデンティティに関わる問題は、ふ

るくは植民地期から存在したと思われる。独立を希求するコリアンの運動が「民族として」の自立を目標としたものであったことはもちろん、皇民化教育に同調して天皇万歳を叫ぶ朝鮮人青年の生き方もある種のアイデンティティ問題の帰結であったろう。植民地支配が終わっても、34年間に及ぶ統治の中で丸ごとの人生を「日本人として」過ごしたコリアンも多かったため、自分の言語や生活様式が本来の民族的な帰属状態とずれてしまうという事態は解放時からすでに存在していたのである。ただし、在日一世たちの多くはそうしたずれをナショナリズムの問題として解決しようとしたため、アイデンティティ問題と認識されることはまれであった。つまり、大韓民国や朝鮮民主主義人民共和国、あるいは統一した祖国に同一化し、自らを「外国人」（在外公民）と積極的に意味づけることによって、日本人と違うことを《当たり前》のことだと認識するアイデンティティ戦略を採用したということだ。国家に過剰に同一化することによって、概念的な帰属状態と現実の居住状態がずれているという問題そのものをなかったことにしようとした、といってもいい。1960年代半ばまでは朝鮮半島の2国家と頻繁に往来することが難しかったこともあって、このアイデンティティ戦略が危機にさらされることは少なかった。

　しかし、戦後日本生まれの在日二世が一斉に成人を向かえた1970年代に入ると、《自分が身につけている文化と国籍が一致しない》という問題は深刻さを増した。理由としては、言語能力や文化的伝統など国家に同一化するための資源が失われたこと、朝鮮半島の2国家との往来が増えたことによって逆に祖国との違いが強く認識されるようになったこと、日本国内の政治状況が既成の価値観への異議申し立てを許容する時代に突入したことなどが複合的に作用したと考えられる。たとえば、「本物の韓国人になる」ことを求めて韓国に留学する在日コリアン二世が増加する一方で、韓国語能力の限界などから疎外感と挫折感を抱いて日本に戻ってくる事態が報告されるようになったのもこのころからのことである。また、帰還事業（1959年～）を契機に共和国ナショナリズムがひとたび盛り上がったものの、帰国後の現実が知られるにつれて70年代にはすでに相当程度に鎮静化していた。一方、日本国内では、金嬉老事件（1968年）や日立就職差別事件（1970年）を皮切りに、民族的マイノリティとして差別・人権問題に対処するための運動が必要だ

との認識が急速に高まった。そうした時代状況の中で、『季刊まだん』（1973年～）、『季刊三千里』（1975年～）、『ちゃんそり』（1979年～）など、単純なナショナリズムに回収されずに在日コリアンとしていかに生きるべきかという問題を議論するための論壇までが成立した。これが、いつしか「在日論」と呼ばれるようになった問題系である。冒頭に紹介した問い、すなわち「いかに民族として生きるべきか」がそのもっとも重要なテーマであった。

「在日論」の特徴の一つは、「理想的なコリアン」と「現実の自分（たち）」のかい離をどのように理解すればよいのかという問題設定を基本としていたことだ。というのも、日本社会がコリアンに対する頑迷な植民地主義や同化主義を清算できていない（あるいはしようともしていない）当時の時代状況では、在日コリアンの現状を前提とした主張は同化を追認する隷属性の表れにすぎないと解釈されることが多かったため、「理想的なコリアン」の状況を概念的に想定したうえで、そこにいかにしてたどり着くべきかが論じられたのである。しかし、「理想的なコリアン」を想定する議論はどこかユートピアを探して際限なくさまよう様に似ていて、どのような生き方を選択したとしても、常に何かが足りないという批判の対象となるよう宿命づけられていた。いわく、「民族の言葉を話せなければコリアンとはいえない」「民族の歴史に精通していなければ民族的に生きているとはいえない」「どれだけ民族的に生きていようと日本人と結婚するようでは同化的だといわれてもやむをえまい」等々。そして、批判された側は自分の存在証明をかけて激しく反論することが多いため、「在日論」はしばしば《荒れる議論》となった。

「在日論」のもう一つの特徴は、第一の特徴の当然の帰結として、「現実の自分（たち）」に関する正確なデータを必ずしも必要としなかったということだ。現状はあくまで植民地主義や同化主義によって歪められた姿にすぎないという理解が支配的な環境においては、現状を精緻に測定しなければならないという問題意識も生じなかったものと考えられる。マイノリティに対する調査としては1970～80年代に被差別部落での調査が盛んにおこなわれたが、在日コリアンを対象とした学術的に信頼性の高い調査は、神奈川県が1985年に実施したもの[3]を例外として、ほかには一度も実施されてこなかった。

そうした事態を大きく打開することになったのが、1993年に在日韓国青年会が福岡安則・金明秀と実施した「第3次 在日韓国人青年意識調査」（以

下、第3次調査）である[4]。詳細は後述するが、在日コリアンの歴史において初めて収集された全国規模のこの確率標本[5]によって、空論になりがちだった「在日論」に現実的な手がかりが与えられるようになった。さらに、2013年には、第3次調査の知見を引き継ぎつつ、それが20年間でどのように変化したのか／しなかったのかを確認するため、「第4次 在日韓国人青年意識調査」（以下、第4次調査）が実施された。本稿では、両調査データを通じて在日韓国人青年の民族的アイデンティティの現状と趨勢を明らかにしていく[6]。

2 データ

2-1 調査の背景

110余年におよぶ在日コリアンの歴史の中で、全国規模で収集された確率標本は、第4次調査が実施されるまで、わずか二つしか存在しなかった。前述の第3次調査と、在日韓国青商連合会による1995年の「在日韓国人の社会成層と社会意識全国調査」[7]（以下、青商調査とする）である。非確率標本や地方自治体単位の調査なら他にも存在するが、第4次調査は、先行した二つの歴史的な調査からおよそ20年の時を挟んでやっと行われた3回目の全国調査ということになる。

1993年の第3次調査から2013年の第4次調査までといえば、ほぼ「平成の歴史」と呼んでも過言ではない期間である。この期間には、急速に進展したグローバル化が社会全体に様々な影響を及ぼし、在日コリアン社会を取り巻く環境にも大きな変化をもたらした。経済構造の再編など様々な困難はあったものの、前半の10年はどちらかといえば在日コリアン社会に好意的に受け入れられた変化が多かったかもしれない。1995年「戦後50周年の終戦記念日にあたって」（いわゆる村山談話）の発表、2000年からの韓流ブーム、2002年のFIFAワールドカップ日韓共催、等々。他にも、2003年までに地方参政権付与を求める意見書を採択した地方議会が外国人の居住する全自治体の過半数を占めたことは、多文化共生の実践が成熟を迎えたことを象徴する出来事であった。一方で、後半の10年は在日コリアンにとって過酷な状況が相次ぐ「逆境」ともいえる時期であった。2002年ワールドカップと拉

致問題を契機にインターネットでは大量のヘイトスピーチが生み出され、在日コリアンが運営するウェブサイトや掲示板、ブログは次々と閉鎖に追い込まれていった。2005 年には『マンガ嫌韓流』が発売され、様々な批判を浴びつつもベストセラーとなった。2006 年、宝島社が『嫌韓流の真実！ ザ・在日特権』を刊行。これをキーワードとする形で、同年末に「在日特権を許さない市民の会」（在特会）が結成され、現在に至るまで激しい差別扇動を繰り返している。2012 年夏に李明博大統領が竹島に上陸以降は、日韓関係の硬直化を背景に、メディアで苛烈な韓国攻撃が続いている。2012 年からは路上のヘイトスピーチも激化し、第 4 次調査が実施された 2013 年には「ヘイトスピーチ」が流行語大賞トップテンにランクインした。

　こうして振り返ってみれば、この 20 年間は在日コリアンをめぐる環境がよくもわるくも大きく変動した時期であったということが理解できよう。はたして、そうした環境の変化は在日コリアン青年のアイデンティティにどのような影響を与えたであろうか。それが、本稿の問題意識である。

2-2　調査設計

　第 3 次調査との比較を主目的の一つとしている以上、第 4 次調査においても当初は第 3 次調査と同一の調査設計を採用することを目指した。しかしながら、企画段階の検討で、完全に同じ設計を採用することはできないと判明したため、結果としては相当に異なる調査設計をとることになった。以下、第 3 次調査との相違点に留意しながら、第 4 次調査の設計を説明していく。

（1）母集団

　1993 年に実施した第 3 次調査においては、「日本生まれで、韓国籍で、18 歳から 30 歳の者」を母集団とし、それを代表するサンプリング台帳として、在日韓国青年会（以下、青年会）が管理する 18 歳から 30 歳までの韓国国民登録名簿を用いた。

　韓国国民登録名簿とは、在日本大韓民国民団（以下、民団）が管理する韓国籍住民の基幹データベースの名称である。家族単位で名前、住所、生年月日などが記載されており、イメージとしては日本の地方公共団体が管理する住民票に似ている。ただし、住民票は住民登録に基づいて作成されるが、韓国

国民登録名簿は在外国民登録[8]や旅券発給などの領事業務に基づいて作成される。旅券発給を例にとって説明すると、旅券申請の際には申請者と家族の名前、住所、生年月日を届け出ることになっているため、家族の誰かが旅券を申請したり更新したりすれば家族全員の情報が修正される仕組みである。1990年代末までは、在日韓国人の旅券発給は韓国領事館ではなく原則として民団が行うことになっていたため、それまでは在日韓国人は理論上ほぼ網羅されていたといわれている。青年会はその18歳から30歳までの複写情報を保有して業務に当たっており、第3次調査の時点でその数は10万人を超えていた。

　しかし、現在においては、青年会が管理する韓国国民登録名簿が「日本生まれで、韓国籍で、18歳から30歳の者」という母集団を代表するものだとはいえなくなっている。その理由は、韓国国民登録名簿の網羅性と精度が著しく低下していることである。2000年代に入って、韓国政府は「在日韓国人の旅券発給は韓国領事館ではなく原則として民団が行う」という方針を撤回した。それ以後は、民団を経由せずに領事館で直接申請したほうが旅券発給までの期間を短縮できるということもあり、韓国領事館へのアクセスが容易な大都市圏の在日韓国人の相当数が領事館で手続きをするようになった。また、民団で旅券の申請をするためには団費（ひと世帯あたり月額1,000円程度）を納入しなければならず、そのことも民団での旅券申請を忌避させる要因となった。その結果、民団が管理する韓国国民登録名簿の網羅性は急速に低下し、在日コリアン社会の人口減少を上回るスピードで名簿総数の減少を招くことになった[9]。2013年時点で青年会が保有する情報は20,000名を下回る。20年間で5分の1未満に縮小したことになる。しかも、名簿を更新する機会が減ったことにより精度も低下しており、後述するように回答者の17.1％がすでに日本国籍を取得している[10]。その意味でも、第4次調査の母集団が「日本生まれで、韓国籍で、18歳から30歳の者」であるとは言いがたい[11]。あくまで、第4次調査の母集団は、「青年会が管理する韓国国民登録名簿」であると抑制的に理解すべきであり、その結果を一般化する際には一定の慎重さが要求されるであろう。

　なお、第3次調査と異なる点がもうひとつある。それは、年齢である。第4次調査の企画段階で、青年会はその活動対象の年齢上限を30歳から35歳

に引き上げることを検討していた。もともとこの調査は、青年会が、運動の対象となる年齢層の実態を把握したいという実践的な関心から行われてきたものであるため、調査対象の年齢も「18歳から35歳の者」と設定された[12]。

　以上を整理すると、第4次調査の母集団は、「青年会が管理する18歳から35歳までの韓国国民登録名単」ということになる。

（2）標本抽出

　第3次調査では、青年会の支部ごとに人口比例で抽出数を割り当てた上で、系統抽出法によって約2,000ケースが抽出された。一般的には、実査に個人面接調査法が採用される場合、コストを抑制するため多段抽出法が併用される。一次抽出で地域を絞り込み、二次抽出で最終的な調査対象者を抽出することで、調査のために移動しなければならない範囲を制限するわけである。にもかかわらず、第3次調査で多段抽出を行わなかった理由は二つある。第一に、いわゆる同胞多住地域を除けば、在日韓国・朝鮮人は地理的に分散して住んでいるため、多段抽出によって実査のコストを引き下げることは実質的に望めないからである。第二に、当時の青年会の活動目標に「全国各地にどういう同胞がいるのかをちゃんと会って把握する」という趣旨の事項が掲げられており、一次抽出で地域を限定してしまうとその目標が毀損されてしまうと思われたためである。

　第4次調査においても、青年会の支部ごとに人口比例で抽出数を割り当てた上で、系統抽出法によって約4,000ケースが抽出された。2013年4月のことである。第3次調査に対して2倍に抽出数を増加させた理由は、第4次調査では郵送調査法が想定されていたため、回収率が低くなると予想されたためである。

（3）実査

　第3次調査では、個人面接調査法が採用された[13]。個人面接調査法とは、調査員が調査対象者の住居を訪問し、面接しながら回答を収集する手法である。回収率の高さとデータの信頼性の高さから、もっとも精度の高い「最良の調査手法」であると考えられてきたためである。また、「全国各地にどういう同胞がいるのかをちゃんと会って把握する」という青年会の目標も、個

人面接調査法と適合的であった。

　しかしながら、日本では2000年代半ば以降、個人情報保護に関する意識の高まりを受けて、個人面接調査法による回収率はどの調査においても軒並み急激に低下した。統計数理研究所が1953年以来5年ごとに実施している「日本人の国民性調査」を例にとれば、2004年の調査で56.0％、2008年の調査で51.5％であった。社会調査のテキストには長年にわたって「回収率は80％以上が好ましい」と書かれ、「回収率の高さが個人面接調査法の利点」とされてきたが、その前提が通用しない時代に入ったということだ。むしろ、調査対象者と面接することのない郵送調査法では2000年代以降も回収率の低下が観察されていないという報告もあり、また、青年会の組織規模が縮小したことで全国規模での個人面接調査法に必要な調査員を確保することが難しいという事情もあり、第4次調査では郵送調査法が採用された。郵送調査法とは、調査票と返信用封筒を郵送し、記入済みの調査票を返送してもらう調査手法である。現実的な制約条件から第3次調査とは異なる実査の手法を用いざるをえなかったが、経験的に、実査の手法が異なれば、回収率はもちろんのこと、データの分布が変わってしまうことが知られている。第3次調査と第4次調査で回答の分布を比較する際には、注意が必要である。

　実査の期間は、2013年5月2日から5月31日までである。5月25日までに回収されなかった対象者には督促ハガキを郵送した。回収率を向上させるため、民団中央本部と韓国大使館の後援を得て、封筒と調査依頼文にその旨を記載した。抽出された4,000ケースから、住所不明で返送された分を除いた3,532ケースのうち、回収された有効票が451であった（回収率12.7％）。20ページに及ぶ調査票を用いた郵送調査法としては一般的な水準の回収率だといえる。

3　民族的アイデンティティの測定

　第3次調査の時点では、民族的アイデンティティを量的な調査によって測定するという試みは世界的にもまだめずらしく、先行研究はほとんど見られなかった。学術的に民族的アイデンティティをめぐる議論に関心を払ってきた社会学分野ではアイデンティティを量的に測定するというアプローチに人

気がなく、また、アイデンティティを量的に測定することを専門とする社会心理学分野では民族的アイデンティティをめぐる議論に人気がなかったからであろう[14]。

そこで、第3次調査においては、試行的に民族的な意識や民族的な行動を包括的に測定することを試みた。具体的には、①「民族関連書籍の参照度」②「民族関連知識の獲得度」③「母国語力（読解）」④「母国語力（会話）」⑤「本名の使用度」⑥「祖国統一問題への関心度」⑦「チェサを継承する意志」⑧「同胞の友人との交友願望」⑨「同胞との結婚志向」⑩「同胞社会への愛着度」⑪「国籍を保持する意志」によって民族的アイデンティティを測定することにした。その結果、①から⑥までを主たる構成要素とする因子（民族的な問題を意識し、それを解決していこうとする主体的な志向性）と、⑥から⑪による因子（情緒的に民族的なものとの紐帯を求めようとする関係的な志向性）が析出されることなどが明らかになった。

しかし、この測定方法には、説得力のある批判が寄せられた。「実態として民族的アイデンティティが意識と行為を含む包括的な概念であることは理解できるが、学術的には概念の混乱と見なさざるをえない。意識と行動は別々に分析すべきではないか」という趣旨のものだ。そうした批判に対応するため、1995年の青商調査では、上述のような測定だけでなく、社会意識に限定して民族的アイデンティティを測定することも試みられた[15]。第4次調査は、この2種類の測定方法の双方に対応できるように設計されている。そこで、以下に2種類の測定でどのような結果が得られたのか紹介する。

3-1 意識と行動による包括的な尺度

民族的な意識や民族的な行動を包括的に測定するための指標とその記述統計を示したものが表1である[16]。第3次調査と第4次調査で相違が生じているものもあるため、以下にそれぞれについて説明していく。

「チェサ（法事）を継承する意志」とは、「あなたは将来、祖父母や両親などの法事をどうしたいと思いますか」という質問文に対して、「1.民族的なやり方を、ぜひ受け継いでいきたい（第3次：民族的なやり方を、ぜひ守っていきたい）」「2.民族的なやり方を、できるだけ守っていきたい」「3.民族的かどうかには、あまりこだわらない」「4.民族的かどうかには、まったくこだわ

らない」の4段階で回答を求めたものである。したがって、得点が低いほどチェサを継承する意志が強いということになる。

「民族の問題について話せる同胞友人希望」は、「あなたは、民族の問題について気楽に話し合える同胞の友人を欲しいと思いますか」(第3次：あなたは、気楽に話せる同胞の友人を欲しいと思いますか)という質問文に対して、「1. とても欲しいと思う」「2. やや欲しいと思う」「3. あまり欲しいとは思わない」「4. まったく欲しいとは思わない」の4段階で回答を求めたものである。得点が低いほど同胞の友人を欲しているということになる。ただし、第3次調査の質問文に対して第4次調査は文脈限定性が高まっているため、比較の際には注意が必要である。

「結婚観」は、「あなたの結婚観についてお聞きします。次のうちから、もっともよく当てはまるものに、○を付けてください」という質問文に対して、「1. ぜひ同胞と結婚したい」「2. どちらかといえば同胞と結婚したい」「3. どちらともいえない」「4. 同胞と結婚したくない」「5. 同胞かどうかまったくこだわらない」(第3次：「1. ぜひ同胞と結婚したい」「2. できるだけ同胞と結婚したい」「3. 同胞かどうかあまりこだわらない」「4. 同胞かどうかまったくこだわらない」)で回答を求めた。第3次の選択肢は選択基準が「したい／こだわらない」という非対称的な内容になっていたものを、第4次では「したい／したくない」という対称型に変更し、因子分析で利用することを念頭に5点尺度に修正したものである。ただし、「5. まったく同胞とはしたくない」とすべきところを編集ミスにより「5. 同胞かどうかまったくこだわらない」としてしまった。そのため、第4次調査の回答者のうち51.9％が「5」を選択しており、第3次調査とは比較することができない。また、順序尺度としても問題のある指標となっている。

第 1 章　在日コリアン青年の民族的アイデンティティ

表 1　民族的アイデンティティの尺度①（意識と行動による包括的尺度）

	第 4 次調査				第 3 次調査（日本籍除外）			
	min	max	平均値	s.d.	min	max	平均値	s.d.
チェサ（法事）を継承する意志	1	4	2.71	0.897	1	4	2.56	0.929
民族の問題について話せる同胞友人希望	1	4	2.21	0.949	1	4	2.03	0.941
結婚観	1	5	3.84	1.336	1	4	2.84	1.054
同胞社会への愛着度	1	5	3.61	1.116	1	5	2.51	1.137
読書経験（平均）	1	5	1.82	0.897	1	5	2.57	1.239
読書経験（韓国・朝鮮の歴史）	1	5	1.90	1.086				
読書経験（韓国・朝鮮文学）	1	5	1.69	0.946				
読書経験（韓国・朝鮮の伝統文化）	1	5	1.71	0.948				
読書経験（韓国の大衆文化）	1	5	2.01	1.090				
民族関連知識	0	20	9.32	5.731	0	25	11.39	6.658
韓国語理解（会話）	1	5	3.73	1.281	1	6	5.16	1.511
韓国語理解（読み書き）	1	5	4.00	1.311	1	6	4.86	1.295
通名・本名の使用（平均）	1	5	2.27	1.513	1	7	2.56	1.817
通名・本名利用（家族の日本人）	1	5	2.11	1.544				
通名・本名利用（家族の同胞）	1	5	2.52	1.631				
通名・本名利用（友人の日本人）	1	5	2.10	1.551				
通名・本名利用（友人の同胞）	1	5	2.90	1.702				
通名・本名利用（職場の日本人）	1	5	1.98	1.608				
通名・本名利用（職場の同胞）	1	5	2.37	1.733				
帰化への意思	1	5	3.40	1.283	1	5	3.32	1.339
祖国の統一への関心	1	5	3.07	1.255	1	5	2.77	1.266
同胞への愛着	1	5	3.61	1.116	1	5	2.51	1.137

「読書経験」は、「韓国・朝鮮の歴史に関する雑誌・書籍」「韓国・朝鮮の文学に関する雑誌・書籍」「韓国・朝鮮の伝統文化に関する雑誌・書籍」「韓国の大衆文化（映画・音楽など）に関する雑誌・書籍」の 4 項目について、「1. まったく読んでない」「2. あまり読んでない」「3. どちらともいえない」「4. ある程度読んだ」「5. たくさん読んだ」（第 3 次は「あなたは韓国・朝鮮についての雑誌や書籍をどれだけ読んだことありますか？」に対して「1. まったく読んだことはないし、興味もない」「2. まったく読んだことはないが、興味はある」「3. あまり読んでいない」「4. すこし読んだ」「5. たくさん読んだ」）の 5 段階で回答を求めた。得点が高いほ

ど読書経験が多いということを意味する。

「民族関連知識」はコリアに関わる用語を列挙し、知っているかどうか回答を求めた。表1に示したのはその回答数である。第3次では25個、第4次では20個の回答を加算したため、単純な数値の比較はできない。

「韓国語理解」は、「会話」と「読み書き」それぞれについて能力を尋ねたものである。得点が低いほど言語能力が長けていることを意味する。ただし、第3次と第4次とでは選択肢も測定水準も変更されているため、単純に比較することはできない。たとえば、会話の場合、第4次は「1. 日常生活や仕事の会話が充分できる」「2. 日常生活や仕事の会話はなんとかできる程度」「3. 道を尋ねたり、レストランで注文できる程度」「4. 挨拶ができる程度」「5. ほとんど話せない」の5段階であるのに対して、第3次調査は「1. こみいった議論ができる」「2. 簡単な日常会話ができる」「3. その場に応じたあいさつぐらいはできる」「4. いくつかのあいさつの言葉しか知らない」「5. いくつかの単語しか知らない」「6. まったくできない」の6段階である。

「本名・通名の使用」は「同胞の家族」「同胞の知人・友人」「同胞の同僚」「日本人の家族」「日本人の知人・友人」「日本人の同僚」それぞれについて、「1. まったく通名だけ」「2. 通名の方が本名より多い」「3. 同じくらいに使い分けている」「4. 本名の方が通名より多い」「5. まったく本名だけ」の5段階で回答を求めた。第3次は場面を分けずに「1. まったく通名だけ」「2. ほとんど通名」「3. 通名の方が本名より多い」「4. 同じくらいに使い分けている」「5. 本名の方が通名より多い」「6. ほとんど本名」「7. まったく本名だけ」の7段階で尋ねているため、単純比較はできない。

「帰化への意志」は第3次、4次とも「あなたは現在、帰化をしたいという気持ちがありますか、ありませんか」という質問文に対して「1. ぜひ帰化したいと思う」「2. できれば帰化したいと思う」「3. どちらでもよい」「4. あまり帰化したいと思わない」「5. まったく帰化したいと思わない」の5段階で回答を求めた。したがって数値が小さいほど帰化への意志が強いことを意味する。

「祖国の統一への関心」は、「祖国の統一にはもはや関心がない」(第3次は「わたしは、祖国の統一問題に関心がない」)という質問文に「1. そう思わない」「2. どちらかといえばそう思わない」「3. どちらともいえない」「4. どちらかとい

えばそう思う」「5. そう思う」の5段階で回答を求めた。数値が大きいほど関心は低いという意味になる。

「同胞への愛着」は第3次調査では「在日韓国・朝鮮人」という愛着の強さを5段階で尋ねたが、第4次調査では共通の設問を設けなかったため「困ったときに頼りになるのは、同胞である」への賛否（「1.そう思わない」から「5.そう思う」までの5点尺度）を代替的に用いた。

以上の指標のうち、記述統計の次元である程度の比較に耐えられるものは、「チェサ（法事）を継承する意志」「民族の問題について話せる同胞友人希望」「帰化への意思」「祖国の統一への関心」の4項目である。これらのうち、「帰化への意思」を除く3項目は、いずれも第3次調査に比べて第4次調査のほうがいわゆる同化的な方向へと変化している。

一方で、「帰化への意思」については「帰化したいと思わない」という方向に比重が移っている。本データからその理由まで明らかにすることは難しいが、法務省が公表している韓国・朝鮮籍の「帰化許可者数」を見ても、1993年に10,000人を突破してから10年間は年々増加していたのに対して、2004年からの10年間は一貫して低下している。これは在日コリアンの人口構成の推移に影響を受けたものだとする見方が一般的であるが、帰化への意思が弱まっているためだという可能性も考慮すべきだろう。

3-2 意識と行動による包括的な尺度の因子構造

表1の指標群に対して因子分析を適用したのが表2である。第3次、第4次とも最尤法での推定結果にプロマックス回転を加えたものである。因子数はスクリー基準で2因子を採用した。

第4次調査の結果を第3次調査と比較すると、おおむね相同の因子構造を確認することができる。すなわち、「民族的な問題を意識し、それを解決していこうとする主体的な志向性」を表すと思われる第1因子と、「情緒的に民族的なものとの紐帯を求めようとする関係的な志向性」を表すと解釈される第2因子が析出されているということだ。在日韓国人青年の民族的アイデンティティの構造は、両調査の20年間でほとんど変化が見られなかったといっても過言ではないだろう。

ただし、「読書経験」については第1因子から第2因子への移行という変

化が観察される。この項目は、「民族関連知識」と並んで知的要素を代表するものである以上、第1因子から強い負荷を受けるほうが理にかなっている。にもかかわらず、これが「同胞の友人との交友願望」などと同じ第2因子に帰属するようになった理由といえば、おそらく韓流ブームの影響であろう。2000年に始まる韓流以前、民族関連の書籍といえば政治的な主題を扱ったものが多く、それを参照するのはある種の知的労苦を伴う学習活動だった。ところが、韓流以降は韓国ドラマやK-POPなど韓流文化が中心的なコンテンツとなっており、母国との一体感を楽しむためのエンターテインメントになった、ということだろう。「民族関連書籍」の意味づけが、かつては政治的覚醒を促すテキストであったのに対して、2013年時点では情緒的一体感を醸成するテキストとしての比重が高まったと表現することができるかもしれない[17]。

表2 民族的アイデンティティの因子分析①（意識と行動による包括的尺度）

第4次調査（日本籍者を除外）	因子1	因子2	第3次調査	因子1	因子2
韓国語理解（会話）	.977	-.091	韓国語理解（会話）	.954	-.099
韓国語理解（読解）	.981	-.082	韓国語理解（読解）	.909	-.126
民族関連知識の獲得度	-.567	-.245	民族関連知識の獲得度	-.678	-.170
通名・本名の使用	-.398	-.010	通名・本名の使用	-.382	-.161
読書経験	-.328	-.395	読書経験	-.577	-.193
祖国の統一への関心	-.044	-.344	祖国の統一への関心	-.214	-.349
同胞友人希望	-.032	.743	同胞友人希望	.049	.651
帰化への意志	-.159	-.491	帰化への意志	-.054	-.644
チェサを継承する意思	-.130	.694	チェサを継承する意思	-.081	.712
結婚観	.127	.460	結婚観	-.048	.732
困ったとき頼れるのは同胞	-.057	.579	同胞社会への愛着	.094	.617
負荷量平方和	30.0	14.1	負荷量平方和	39.0	10.6

3-3 態度としての尺度

民族的アイデンティティを態度の次元で測定するための尺度を表3に示した[18]。第3次調査には同じ尺度が含まれていないため、1995年に実施した青商調査の20歳〜35歳のデータを参考として並記した（$N = 187$）。青商調査は男性のみを対象としているため、性差の大きな項目は比較に当たって注

第1章　在日コリアン青年の民族的アイデンティティ

表3　民族的アイデンティティの尺度②（態度としての尺度）

	第4次調査		青商調査(95年)	
	平均値	s.d.	平均値	s.d.
在日同胞の文化を維持するための取り組みが必要である。	2.62	1.065	**3.71**	0.967
若い在日同胞が民族文化を学べるような場所が必要である。	2.39	1.070	**3.59**	0.999
在日同胞の文化を維持するためには、喜んでお金を投資すべきである。	3.26	1.040	3.09	1.065
チェサの作法や目的を知るべきである。（第4次）チェサなどの民族的風習は、民族的なやり方を守っていくべきである。（青商）	2.48	1.079	**3.69**	1.057
多くの若い人たちが民族的な伝統を身に付けていないのはとても残念なことだ。	3.06	1.146	3.07	1.052
こどもたちには、民族の踊りや歌を教えるべきである。	**3.22**	1.108	3.01	1.102
日本人といるときよりも在日同胞といるときのほうが落ち着く気がする。	**3.57**	1.257	2.77	1.177
困ったときに頼りになるのは、在日同胞である。	**3.66**	1.136	2.67	1.025
帰化によって日本国籍を取得した人も、在日同胞の一員として生きるべきである。	**3.27**	1.215	2.86	1.172
祖国の統一にはもはや関心がない。	**3.10**	1.259	2.52	1.286
日本の学校は、在日同胞の存在意義をもっと教えるべきである。	3.09	1.174	**3.44**	1.049
こどもたちは母国語を勉強すべきである。	2.54	1.220	**3.28**	1.180
在日同胞の意見を表明するための、もっと強い組織が必要である。	3.28	1.091	3.31	1.020
同胞は今以上に同化する必要はない。（第4次）在日同胞は日本社会にたいする独自性を持つべきである。（青商）	**3.24**	1.015	3.08	0.973

意が必要である[19]。いずれの指標も「1. そう思わない」から「5. そう思う」までの5点尺度であり、得点が高いほど賛成の回答が多いという意味になる。

　両調査の値の差が0.2（定義域の5％）を超えるものを太字にしたが、太字の値は両調査にまんべんなく分布しており、とくに系統だった傾向は見られない。態度の次元では、民族的アイデンティティが弱体化しているという趨勢は観察されないと結論づけることができるだろう。

　次に、態度指標のみで民族的アイデンティティを測定した結果を表4に示す。推定には最尤法を用いた。因子数は、スクリー基準で明らかに1因子性が高いため、1因子とした。おおむね均質的な因子負荷量が示されており、青商調査とも因子構造が近似しているため、尺度としての信頼性と妥当性は低くないといえる。

　ただし、第4次調査の分析において「祖国の統一には関心がない」の因

表4 民族的アイデンティティの因子分析② (態度による尺度)

第4次調査 (日本籍者を含む)	第4次調査	青商調査
同胞の文化を維持するための取り組みが必要	.807	.713
若い同胞が民族文化を学べる場所が必要	.818	.745
同胞の文化を維持するためには喜んでお金を投資すべき	.673	.673
チェサの作法や目的を知るべき	.673	.655
若い人が民族的伝統を身に着けないのは残念	.734	.788
民族の踊りや歌を教えるべき	.735	.816
日本人といるときよりも同胞といるときのほうが落ち着く	.640	.678
困ったときに頼りになるのは同胞	.639	.553
帰化した人も同胞として生きるべき	.546	.572
祖国の統一には関心がない	-.293	-.347
日本の学校は同胞のことを教えるべき	.518	.484
幼少期に母国語を勉強すべき	.600	.771
同胞の意見を表明するための強い組織が必要	.664	.737
同胞は今以上に同化する必要はない	.382	.590
負荷量平方和	42.1	44.0

表5 「愛着」の回答分布

有効%	生育地域		日本		大韓民国		北朝鮮		統一祖国	
	4次調査	3次調査	4次調査	3次調査	4次調査	3次調査	4次調査	3次調査	4次調査	3次調査
まったく感じない	3.2	3.4	1.3	2.8	10.2	12.6	64.5	35.4	33.9	10.4
どちらかといえば感じない	3.9	4.6	2.0	3.9	18.4	11.7	14.0	21.1	15.1	15.5
どちらともいえない	10.0	15.3	13.7	20.1	27.9	37.5	15.3	34.3	34.8	39.3
どちらかといえば感じる	39.5	35.8	45.2	40.6	30.8	26.7	1.8	7.4	7.5	15.5
非常に感じる	43.5	41.0	34.6	32.6	9.1	11.5	0.7	1.8	4.9	10.4
無回答 (N)	10	9	14	14	16	16	17	15	17	21

子負荷量の絶対値が小さいことは特筆しておくべきであろう。表2の分析においては同じ指標が一定の重要性を示していた以上、尺度から除外するかどうかは慎重に検討したほうがよいが、「統一した祖国」への愛着の強さが第3次調査に比べて明らかに低下している (表5) ことなどを考えあわせると、祖国統一問題が在日韓国人青年の民族的アイデンティティを構成する要素としての重要性を失いつつある状況が示唆される。その理由は、「北朝鮮 (朝鮮民主主義人民共和国)」への愛着が激減している (表5) ことに影響された

ものと思われる。2002年にいわゆる拉致問題が発覚して以来、とりわけ韓国籍の在日コリアンは、北朝鮮との連続性を断ち切るかたちで民族的アイデンティティを維持していると表現できるかもしれない。

4 まとめと議論

まず、分析を通じて明らかになったことを整理しておこう。

- 意識と行動によって包括的に民族的アイデンティティを測定した場合、「チェサ（法事）を継承する意志」「民族の問題について話せる同胞友人希望」「祖国の統一への関心」については過去20年間で弱体化しているが、逆に韓国籍を保持する意志はむしろ強まっている。
- 意識と行動による尺度に因子分析を適用すると、「民族的な問題を意識し、それを解決していこうとする主体的な志向性」を表すと思われる第1因子と、「情緒的に民族的なものとの紐帯を求めようとする関係的な志向性」を表すと解釈される第2因子が析出される。在日韓国人青年の民族的アイデンティティの構造は、両調査の20年間でほとんど変化が見られない。ただし「読書経験」は韓流ブームのせいか、第1因子から第2因子へ比重が移り変わりつつある。
- 態度として民族的アイデンティティを測定した場合、過去20年間で弱体化しているという事実は観察されない。
- 態度としての尺度に因子分析を適用すると、因子の構造は過去20年間でほとんど変化は見られない。ただし「祖国の統一への関心」はアイデンティティの構成要素としての重要性を失いつつある。

この結果をラフにまとめるなら、韓流ブームと拉致問題による一部の影響を除けば過去20年間で民族的アイデンティティの構造に変化は生じなかった、ということになろう。在日コリアンを取り巻く環境が激動した20年間ではあったが、そうした時代経験を経ても、民族的アイデンティティに対する影響は限定的なものだったということだ。

[注]
1 本稿では、「植民地支配に起因して日本に居住するようになった朝鮮半島出身者およびその子孫」を指示する場合は「在日コリアン」とする。在日コリアンのうち、とくに韓国籍を持つ者だけに言及する場合は「在日韓国人」とする。また、「韓国国民登録名簿」の構成員を指示する場合も、その実際の国籍に拘わらず、「在日韓国人」とする。在日韓国人のうち、特に第3次および第4次調査の母集団を指示する場合は「在日韓国人青年」とする。
2 「民族」の代わりに別のマクロな概念、たとえば「社会」を当てはめてみれば、個人の生き方についてその問い（いかに社会として生きるべきか）を発することへの違和感はより明確になるだろう。
3 金原左門他（1986）『日本のなかの韓国・朝鮮人、中国人──神奈川県内在住外国人実態調査』明石書店。
4 詳細は、在日韓国青年会（1994年）および福岡安則・金明秀（1997年）を参照。
5 確率抽出法（いわゆるランダムサンプリング）によって抽出された標本のこと。
6 第1～2次調査は確率標本ではないためデータの信頼性が大きく劣るうえ、そもそもデータも調査票原票も失われている。そのため、第4次調査との比較には第3次調査のみを用いる。
7 在日韓国青商連合会（1996年）を参照。
8 在外国民登録とは、90日以上韓国外に居住する韓国籍者が適切な行政サービスを受けるために行う住民登録の一種。在日韓国人が日本で居住するかぎりは不要な手続きだが、韓国本国の不動産を相続したり、韓国に留学したりする際に必要となる。
9 さらに2008年には電子旅券が導入され、申請者本人が申請窓口に行かなければならなくなったことで、民団への旅券発給の委託業務は正式に終了した。
10 もっとも、瓢箪から駒というべきか、これによってバイアスの少ない一定の規模の日本籍コリアンの回答が得られることとなった。
11 第3次調査においても調査対象者がすでに日本籍を取得しているケースはあり、母集団に適合しないという理由で有効票から除外したが、その数は全国で数名程度にすぎなかった。
12 したがって、第3次調査と分布を比較する場合は、年齢の違いを統制する必要がある。
13 一般の訪問面接調査とは異なり、調査員が口頭で設問を読み上げるという形式は採らず、調査票を対象者に手渡し、本人に記入してもらった。すなわち、面前面接形式の自記式調査である。というのも、設問には意識面での微妙な反応を尋ねる項目が多く含まれているため、一般的な形式ではむしろ回答傾向に歪みが生じる恐れがあると考えられたためである。
14 ただし、発達心理学分野には少なくない業績がある。詳細は金明秀（2010）を参照。
15 金明秀（2010）を参照。
16 測定の趣旨は金明秀（2009）を参照。なお、「帰化への意志」を指標に含むため、日

本籍者は分析から除外した。
17 第4次調査では「読書経験」と「韓流文化にどれだけ接しているか」を測定した変数群の主成分との間には正の相関関係（r = 0.345）が見られる。
18 測定の趣旨は金明秀（2010）を参照。
19 第4次調査で性別による回答に有意差（$p < .05$）が見られるのは、「帰化によって日本国籍を取得した人も、同胞の一員として生きるべきである」と「日本の学校は、同胞のことをもっと教えるべきである」の2項目で、いずれも女性のほうが有意に賛成意見が多い。

［文献］
金明秀（2009）「エスニシティの測定論（1）——在日韓国青年意識調査から」『関西学院大学社会学部紀要』第109号。
金明秀（2010）「エスニシティの測定論（2）——サンドバーグとフィニーの試み」『関西学院大学社会学部紀要』第109号。
在日韓国商連合会（1996）『在日韓国人の社会成層と社会意識全国調査報告書』在日韓国青商連合会。
在日韓国青年会（1994）『第3次在日韓国人青年意識調査中間報告書』在日韓国青年会。
福岡安則・金明秀（1997）『在日韓国人青年の生活と意識』東京大学出版会。

第2章

ルーツと越境の現在
―― グローバル都市ソウルで生活する
在日コリアンの語りから

川端浩平

1 はじめに――岡山で出会った在日コリアンと韓国の経験

　2002年から筆者が生まれ育った岡山で、在日コリアン三世や四世（以下、在日と略記）といった若い世代の聞き取り調査をおこなっている。若い世代の在日と話をしていると、韓国への旅行や留学を経験している者が多いことに気づかされた。朝鮮半島で育ったわけではないから、いわゆる「祖国」という感覚を強く持っているわけではない。また、親の世代が経験したような「祖国」への強い憧れと在日への差別という現実とのギャップに苛まれたことが強調されるわけではない。ただしこのことは、彼／彼女らには、親の世代が経験したようなルーツをめぐるアイデンティティの葛藤が存在しないという意味ではない。在日二世と三世や四世のあいだをとりまく社会的環境や政治的状況が変化したことにともない、若い世代の在日たちのアイデンティティやルーツをめぐるイメージが変化しているのだ。そのような背景として、グローバル化時代における日韓関係と日本社会における在日共同体をめぐる二つの変容が存在している。

　第一に、グローバル化と冷戦構造の変質にともない、日本と韓国をめぐるイメージが大きく変化していて、そのことが在日の若い世代の朝鮮半島に対するイメージや自分自身のアイデンティティの形成に作用していることがあげられる。結論から述べるならば、今日の若い世代の在日たちは日韓に生じている同時代感覚を受けるなかでアイデンティティを形成している。ここで

いう同時代感覚とは、グローバル化を通じて標準化された日本と韓国のイメージのみに照準を合わせ、両者のあいだには発展をめぐる時差や不均衡は存在しないと捉えるような認識である。

　たとえば、筆者が 2003 年に岡山で聞き取りをした在日三世である石川愛子（1974 年生れ　韓国籍）は、幼いころから自分自身が在日であることを他人に伝えることはほとんどなかった。韓国に対してのイメージもそんなに明るいものではなかった。ところが、映画『シュリ』（1999）がヒットして以来、韓国に対する考え方は大きく変化した。『シュリ』は、韓国映画としてははじめて全国 150 の映画館で同時封切された（クォン 2010）。2002 年には、これまで足を遠ざけていた岡山の民団青年会が主催したクリスマス・パーティーに参加した。はじめて出会った在日の人たちは彼女の父親のことを知っていた。「つながっているな」と驚いた。家族と親戚以外の在日の友人がはじめてできた。翌年の夏にはその友人とはじめて韓国に旅行した。韓国は、「美味しかったし、面白かった」。そして彼女にとってはじめての在日の友人は、一緒にいった韓国旅行をきっかけとして、語学留学することになった。

　愛子の場合もそうであるが、第二に、戦後に主要国鉄駅周辺や工業地帯に集住地域を形成した在日たちは、集住地域を離れて郊外化した環境で生活するようになったことがある。ゆえに、若い世代の在日たちはかつてのような集団に対する露骨な差別を経験していない。ただしそのいっぽうで、集団的なアイデンティティを形成するような経験を持たない者たちが多数派である。このことは、日本社会において差別や排除がなくなったことを意味するのではなく、集団的にではなく個人的に経験し、対処していくものへと変わっていっているということを意味している（川端 2013）。

　たとえば、在日三世の金昌浩（1974 年生れ　韓国籍）は、日本の大学を卒業後、ソウルの大学で国際関係学を学んだ。そこで出会ったのが、彼と同じように留学していた同年代の在日の若者たちだった。それまで彼は、愛子と同じように家族と親戚以外の在日の知人はほとんどいなかった。ソウルの屋台で同年代の在日の若者たちと出会い、語り合ったことが、在日とは何かという問題意識を形成するきっかけとなったのだった。昌浩のように、韓国に留学して同年代の在日に出会い交流することはそれほど珍しいことではない

（李 1998）。日本に帰国した後には、ソウルの屋台での在日たちとの語り合いの経験を忘れることができず、岡山でも同じような場をつくることはできないだろうかと、休止していた岡山の民団青年会の活動を立ち上げたのだった。その後は、岡山市役所の国際課、神戸の韓国領事館と、韓国での留学経験や語学を活かした仕事へと携わることになっていった。

　また、韓国への留学目的も多様なものとなっている。鄭文植（1979年生まれ 日本国籍）の場合は、朝鮮半島の民俗芸能であるチャンゴを学ぶために3年間をソウルで過ごした。彼は、在日二世の父親と富山県出身の日本人の母親のあいだに生まれた。生まれたときから日本国籍である。また、同居する在日の祖父母や父親は、他人には在日というルーツを隠すように伝えてきた。そのような家族の価値観とは別に、高校生のころには自分自身の在日というルーツに向き合うようになっていく。そして高校卒業後は、チャンゴを学ぶためにソウルに留学し、日本に戻ってきてからは、チャンゴの演奏や指導を生業としている。

　岸田明子（1974年生れ 韓国籍）の場合は、岡山の大学で音楽を学んだ後に、ソウルにある女子大学の大学院に進学して音楽を学んだ。韓国の大学院で学ぶことが、自分のルーツに向き合うことであると同時に、向学心やキャリアアップするためのツールともなった。大学院を修了したのちには、これまでの専門知識とキャリアを活かして、岡山の専門学校で音楽の教員をしている。

　このように、筆者が岡山で出会った韓国への旅行や留学経験のある在日たちの事例を振り返ってみると、韓国滞在経験は、非集住的環境で育った彼／彼女らがルーツやアイデンティティに向き合う契機であるとともに、語学や文化を学び、その後のキャリアへと生かすためのツールともなっている。しかしながら、これまでの筆者の調査で明らかとなったのは、非集住的環境で育った若い世代の在日たちもまた、ルーツをめぐる経験や葛藤に向き合っているのであり、さらには今日も続く日本社会における在日をとりまく様々な困難や課題に直面しているのである。

　本稿では、2011年8月に実施したソウルで生活する5人の在日への聞き取り調査と、その5年後に実施した電子メール・電話・SNSを通じた追跡調査のデータをもとに、筆者がこれまでの在日の若い世代の聞き取り調査を通じて語られた韓国での生活体験のリアリティを考察し、非集住的環境で

育った彼／彼女らの越境体験を通じたアイデンティティの形成と変容の意味に対する理解を深めることを試みる。

2　グローバル都市ソウルを歩く

　筆者がはじめてソウルのまちを訪れたのは1997年夏のことだった。友人が留学していた延世大学では、学生運動も盛んで、地下鉄の階段で自動小銃を肩にかけた警察官に身分証の提示を求められたことを鮮明に覚えている。南大門をはじめとした都市中心部の市場の記憶が強く残っているが、いわゆるグローバル都市というふうな印象はほとんど残っていない。また、物価は日本の半分くらいという感じで、安くて美味しいものをたくさん食べたことを良く覚えている。ここに述べたような筆者の記憶からも明らかなように、学生運動や自動小銃、市場や安い物価といった記号は日韓の時差を示すものである。そこに、グローバルに標準化された同時代的な感覚は存在しなかった。

　2011年8月、ソウルに3週間滞在し、5人の在日に聞き取り調査をおこなった。彼／彼女らが生活しているソウルのまちは私の記憶のなかにあったイメージとは大きく異なるものだった。グローバルに標準化された都市の風景には、かつて私が見た学生運動も警察官も存在しなかった。カフェでお茶をしていると、近くのソファーに座っていた若い男女は人目を憚ることなくイチャついている。日本食レストランや居酒屋など、日本の大衆文化もずいぶんと浸透している。英語を通じたコミュニケーションへの対応具合もずいぶんと変わった。カフェで働く若い店員たちは、英語での基本的なコミュニケーションに対応する。1990年代初頭から時間が止まっている日本で暮らしている感覚からすると、両国の過去20年くらいの表面的な変化には著しい差があると感じた。

　ただし、ソウルのまちは、どこか日本以上にキツイ感覚がしたのも確かである。このキツイ感覚とは、グローバル化や新自由主義的な雰囲気が日本よりも強いということに起因しているのだと思う。筆者が滞在していたソウル大学学生寮では、夜中でも学生たちは英語のテキストを用いて勉学に励み、学生寮にあるジムで汗を流してストレスを解消している。そのような韓国の

第 2 章　ルーツと越境の現在

　若い世代のエリートたちのライフスタイルは、ソウル版の『ビバリーヒルズ青春白書』のようでもある。寮の友達たちと学生寮のカフェテリアで英語を勉強し、イヤホンから流れる音楽を聴きながらランニングマシーンで運動し、ピザやフライドチキンの出前で夜を過ごすエリート予備軍の若者たち。
　ただしもういっぽうで、韓国では大学を卒業したものの正規雇用の仕事に就けない若者たちで溢れかえっているような事情がある。とても印象的だった場面がある。ソウルのビバリーヒルズともいえる江南の中心部からタクシーに乗って、同じ江南区にあるバラック小屋が立ち並ぶ九竜村を訪れた際のことだった。この地区は、当時ソウルに残っていた最大の貧民地区であり、漢江の洪水被害の影響を大きく受ける地域である。筆者が訪れた際には、再開発の計画があり、それに反対する住民による横断幕や看板があちらこちらに掲げられていた。この集落の少し小高いところから眺めると、江南の高層ビル街の風景が広がっている。印象的だった場面とは、ある若い男性がこの集落を出てソウルのまちへと向かっていくところに出くわしたのだった。長身の 20 代くらいの男性は今時のソウル風ファッションに身を包み、バラック街を背にして江南のビル街の方へと消えていったのだった。
　筆者が出会った在日たちもまた、このような現代ソウルのまちの光と影のなかで日々の生活を営んでいた。韓国における在日のイメージもまた大きく変わったものの一つだろう。たとえば、北海道の朝鮮初中級学校を舞台とした『ウリハッキョ』(2006) は、釜山国際映画祭雲波賞を受賞し、多くの韓国人たちの共感を得たとされる。筆者が出会ったソウル大学の研究者のなかには、在日に興味を持ち、研究調査を実施している人たちも多かった[1]。このようなグローバル化された側面のみに着目すれば、かつて在日のプロ野球選手で韓国に渡ったものの、「パンチョッパリ」と差別され、日本にも韓国にも自分の居場所を見つけることができなかったような時代とは大きく異なっている。
　ただし、このような同時代的な雰囲気や在日に対する新しいイメージの形成は、彼／彼女らに対する理解が深まっていることを意味するわけではない。たとえば、冒頭に紹介した金昌浩は、やはり韓国で「パンチョッパリ」と呼ばれた経験があると残念そうに述べていた。また、彼／彼女らがソウルへと渡ってきた背景には、昔と同じように日本社会で在日として生活することの

45

息苦しさが今日においても存在しているのである。そこで以下では、韓国に渡った背景にある5人の在日たちの生活史を踏まえたうえで、ソウルで生活する彼／彼女らの現在をめぐる同時代的な感覚の内実を明らかにし、彼／彼女らのアイデンティティの変容や韓国と日本の双方の社会における差別や排除との結びつきにも注目しながら考察を深めていく。

3 「自分探しの旅」としてのソウル滞在

　吉田裕子（韓国籍 1983年生まれ）は、在日三世の父親と在日二世の母親を持つ。筆者が聞き取りをおこなったのは、裕子が2011年6月にソウルに来てから2カ月ばかりが過ぎたころだった。夕方の6時に地下鉄の江南駅の出口で待ち合わせをして、近くの喫茶店で聞き取りをおこなった。

　裕子にはじめて出会ったのはこの聞き取りをおこなった1年前のことだった。東京に住んでいる筆者の高校の同級生の友人の紹介で知り合った。通名で生活しているものの、裕子は在日であることを隠すことはなく、筆者の友人たちも彼女が在日であることを知っていて、筆者が関心を持つだろうと思い紹介してくれたのだった。ただしその際には特に深い話をしたわけではなかった。その後に彼女がソウルに滞在していることを耳にしていたので、Facebookで連絡を取り合い、「分かりやすい場所」ということで、江南の地下鉄駅出口で待ち合わせることになった。

　ソウルでは、語学学校に通いハングルを勉強しつつ、積極的に「人との出会いを求めて」生活している。韓国滞在中の目標は、「三倍動く」こと。特定のキャリアや専門性を身につけることを目的とした滞在ではないので、慣れない場所でひきこもった生活に陥ることへの心配と、そのような状況に陥らないために積極的に行動しようという意志が伝わってくる。ソウルに来た最初の2週間は、インターネットの『ソウルナビ』でたまたま発見した韓国人と日本人の夫婦の自宅にホームステイしていた。日本育ちの彼女にとって、韓国人と日本人の夫婦という選択は、慣れない地でスムーズに生活をスタートさせるための選択であることが窺えた。なぜならば、多くの在日がそうであるように、彼女は韓国語の初心者である。2歳年下の弟は朝鮮学校に通ったが、彼女と5歳年下の妹は日本の学校へ通った。それまでハングルを学ん

だこともないし、旅行以外の目的で韓国に滞在することがはじめての彼女は、語学学校やプライベートでハングルを学んでいる。

裕子は、青森県弘前市の出身である。父親は、かつて弘前や山形で遊技業を営んでいた。2009年からは、北海道の函館で遊技業を営んでいる。弟は、福島にあるウリ信用金庫に勤めている。母親と妹は現在も弘前で生活している。父親は遊技業を営み、弟は朝鮮学校に通い、在日系の金融機関で勤めていることからも分かるように、朝鮮学校を中心として形成されているコミュニティともつながっている。

ただし、朝鮮学校に通ったわけではないので、彼女自身からは「朝鮮学校的感性」のようなものは強く感じられない（韓 2006）。保育園のときは本名で通ったが、小学校から現在に至るまで通名で生活している。弘前で通った地元の小学校ではミニバスケットボールチーム、中学校では卓球部、高校ではバスケットボール部に所属する体育会系の女子であった。通名で生活していたが、小さいときから他人と違うということが嫌で、在日であることは「コンプレックス」であると感じていた。高校一年生のときに交際していた先輩に自分が在日であることを初めて告げた。自分が在日であることに関しては、「恋愛・結婚以外では考えない」という。

そんな裕子が自分のルーツを他人に伝えることが「楽になった」のは、転職がきっかけだった。2004年に埼玉県にある大学の栄養学部を卒業して管理栄養士の資格を取得し、OLを経て老人福祉施設で働いていたが、上司との関係に悩み退社する。それからも東京での生活を継続し、運送業やエステなど派遣社員として働いた。そのいっぽうで、何度かおこなった転職の際に、自分の出自が特に問題とならないことを確認することができ、最近では自分が在日であることを明かすことが「たやすくなった」。表向きには就職差別が存在しないはずの日本社会において、今日の在日たちが感じる漠然とした不安のようなものが解消されていったのだろう。とはいえ、そのような漠然とした不安を個別に抱えなければならないことこそが今日の在日をとりまく差別や排除をめぐる問題の根幹にある。

東京に出た裕子は、はじめて家族や親戚以外の在日の知り合いができた。筆者がこれまで聞き取りをおこなってきた在日三世や四世たちの多くは、民族学校に通うこともなく、かつてのような集住地域からは遠く離れた郊外で

育ち、親戚や家族以外の在日の知り合いがいない環境で育った (川端 2012)。だから、自分自身のアイデンティティに関して、同じ境遇にある他の在日たちとの関係性を通じて形成していくことが困難だ。ただし、社会人になり、家族から経済的にも自立していく過程で、他の在日たちと偶然に出会うという機会は生じてくる。裕子の場合、彼女が通っていた横浜のバーの店員の男性が在日だということを偶然に確認し、親交が深まった。遅まきながら、彼女にとっては、家族や親戚以外で出会った初めての在日だったのだ。

　もういっぽうでこの間、裕子は派遣の仕事に区切りがつけば、沖縄に1カ月生活してみたり、父親に頼まれて、青森や山形で仕事を手伝ってみたり、といったように日本各地を転々とする生活を送った。東京に住んでいたころには、ゲストハウスで生活することも多かった。集団生活を通じて、様々な知り合いができた。特に、ゲストハウスにはこれまでの「自分の周りにはいなかった」海外滞在経験者が多くいたことが、彼女に「海外に出たい」と思わせるようになっていった。韓国に7年間滞在していた日本人女性との会話を通じて、自分は「ビザがいらないんだ」、「こんないいこともあるんだ」と、かつてはコンプレックスであった在日というルーツを肯定的に捉え返していくきっかけとなった。「ハンディキャップを有利に、前向きに、というふうに意識が変わった」という。

　まだ2カ月少々だが、ソウルでの生活を気に入っている。ホームステイ先から景福宮近くの短期滞在者用の旅館に引っ越して、生活している。裕子はそんなソウルでの日常での出来事や想いをFacebookで紹介している。彼女にとって韓国は、「合理的で生活しやすい」とともに、「あったかい」と感じる。日々の交流や人との出会いがとても刺激的だ。「自分が韓国人であることがうれしい」と感じる場面も多々ある。しかしその反面、自分はいつまでたっても日本人扱いを受ける。説明が面倒なこともあるのだろう、聞き取りのあとに一緒に食事をした焼肉屋で店員に話しかけられたときには、私たちは「イルボンサラン」(日本人)であると対応する。「自分の在日の曖昧さ」に対して、「シンプルな答えが出したい」けれども、自分は何も知らないということに気づかされることも多い。こんなソウルでの彼女の日常生活は、本人いわく「自分探しの旅」でもある。

　ソウルで聞き取りをおこなってから5年の月日が経つ。その後、韓国語が

上達していくことを通じて現地での生活や人間関係も大きく変わっていった。2012年までは外国人観光客向けのスーベニアショップで働いた。現地の人たちとの関係性が深まるなかで、親密な関係性を築くことができるようになった。ただしその反面、濃密な関係性ゆえの閉塞感も感じるようになった。「韓国へ移住する計画や縁談話」を勧めるような知人たちが増えたことは「負担」とも感じられた。その後、実家のある弘前に戻って生活するとともに、友人とネパールやインドを旅してまわった。2014年4月に東京に戻り、都内の老人福祉施設で調理関係の仕事に携わっている。ソウルでの生活を経ての日本での生活は、「以前よりも世の中を楽しんでみて、考えること」ができるようになった。「気持ちが楽になった」。ただし悩みもある。「日本にも韓国にも属さない、宙ぶらりんで中途半端にも感じる状況をなんとかしたい」。「自分は日本では外国人であるが、韓国にいても外国人であった」。帰化をしたいと「初めて」思うようになった。韓国語を習得することによって世界観が広がった。次は英語を学びたいと思っている。

4 ソウルで働く、結婚する

　1970年代の高度成長期に開発されたソウル特別市中区にある市庁駅で降り、ロッテ百貨店で仕事帰りの金智美（韓国籍 1981年生まれ）と待ち合わせをした。聞き取りは、ロッテ百貨店近くの食堂でおこなった。
　智美は、在日三世である。現在は、日本の大手旅行代理店のソウル支社に勤めている。ソウルに異動してきたのは、2011年1月のことで、ソウルでの生活も半年を過ぎたころだ。3年間、ソウルで現地スタッフとして勤務することになっていた。聞き取り調査当時は、観光客で賑わい、お洒落なまちとして知られる弘益大学のアパートで独り暮らしをしていた。弘大は、アートと若者のまちであり、アート系の大学として知られる弘大の学生や留学生で賑わうお洒落なまちだ。
　智美にとって韓国とは、「活気がある」場所だ。「働いていても、街に出ても」、人びとの強いエネルギーを感じる。彼女が働くオフィスには15人の社員がいる。支社長と彼女以外の13人は現地スタッフである。また、現地スタッフのうち半分は日本への留学やワーキングホリデーを通じた滞在経験が

ある。このようなグローバル化時代の日韓間の人の移動の高まりは、彼女の韓国での生活を支える条件にもなっているのだろう。仕事は「楽しいし、困ることはない」という。

また、はじめての韓国滞在とはいえ、彼女は朝鮮学校出身者である。だから、日常会話レベルでは言葉にそれほど不自由することはなかった。ただし、ビジネスでの対応となると別で、仕事中に韓国人の客からの電話で言葉が通じずに同僚に助けてもらうことがある。働き出して1カ月経ったころには、言葉を使えないもどかしさや慣れない場所での生活のストレスで日本に帰りたいと思ったこともあった。

智美は、群馬県高崎市の出身である。両親は高崎市内で焼肉屋を経営しており、弟が一人いる。彼女と弟は、前橋市にある朝鮮初中級学校、茨城県水戸市にある朝鮮高級学校で学んだ。ただし、学校数と学生数が減少傾向にある朝鮮学校へ通うことはそんなに楽なことではない。また、全国の朝鮮学校をめぐる財政状況も厳しく、日本の学校に通わせるよりも学費も高くつく。彼女も弟も、前橋市にある初中級学校へは電車とスクールバスで45分かけて通学した。さらに、茨城県水戸市にある高級学校に進学し、実家を出て寮生活を送った。

朝鮮学校では、バスケ部と美術部に所属し、楽しい思い出がたくさんある。水戸にある高級学校への進学を決める際には、近くの日本の高校に通うかどうか迷ったけれど、同じ中級学校に通う高崎出身の親友が進学するという理由で水戸の朝鮮学校を選んだ。彼女の学年には40人の同級生がいた。そのうち半数は、東京にある朝鮮大学へと進学した。ただし彼女は、「海外への興味」が強く、東京にある英語と旅行の専門学校へ進学することにした。「同窓会には行くけれど、他の朝鮮学校関係の集まりには行かない」という彼女にとって、朝鮮学校のコミュニティはお互いの顔が見える関係性で心地よくもあるが、「世界が狭い」ので窮屈に思うこともある。専門学校を卒業後は、東京の大手旅行代理店に就職した。4年間働いたのち、大都会での仕事や生活に疲れて、2006年の暮れに地元である高崎市の支店へ異動することを希望した。

智美は、海外旅行や海外での生活の経験も豊富だ。高級学校の修学旅行では北朝鮮に同級生とともに行った。平壌への修学旅行と同じ年には、はじ

めて母と二人で韓国を訪れた。「朝鮮語が使える」、「世界が広がる」楽しさを覚え、それから7〜8回ばかり韓国への旅行を繰り返した。2001年には、シドニーにある英語の語学学校で2カ月間学んだ。その後には、ニュージーランドにも旅行した。智美は自分が育った高崎や朝鮮学校の経験を礎としつつも、外の世界へ出たいという志向も強い。そんな彼女は、高崎での生活にも飽きて「今の生活を変えたい」と思うようになっていく。高崎での生活は「仕事も楽」だったし、特別に悩みや不満があったわけではなかった。2010年の夏にタイに行く機会があった。そこで、海外支店で活き活きと働いている先輩に出会ったことが刺激となった。帰国した後に、ソウル支店勤務の社内公募を見つけた彼女は、迷わず応募し、職を得たのだった。

　ソウルでの生活を楽しみながらも、日本が恋しくなることもある。ソウルに勤務してからは2回ばかり日本に帰省した。韓国は「祖国」というよりは、「言葉が違う外国」に住んでいるようなもの。「すごく韓国に住みたい」わけでもなく、「家に帰りたい」という気持ちもある。高校の同級生の女性がソウル市内に住んでいて、同じような境遇の二人は、「恋バナ」や将来のことを話したりする。現地の男性と「結婚したら、住んでも良いかな」とも思う。いっぽうで高崎の母親は、「早く結婚しなさい」とせかす。でも、自分自身は「韓国に来ても外国人。日本にいても外国人」と感じる。ここには、かつて親の世代が経験した「祖国」と日本社会への葛藤が別の様相を持って立ち現れていることを確認することができる。

　このような彼女の語りからは、グローバルな人の移動というダイナミズムを感じるとともに、高崎や朝鮮学校というローカル性や歴史性、さらには言語という文化資本とのつながりのなかで彼女がソウルで生活することを選択したことが分かる。大都会東京の生活に疲れ果てた彼女は、自分が生まれ育った前橋に戻った。だけれども、家族や朝鮮学校を中心としたコミュニティに戻ってみると、やはり外の世界への憧れが募る。言葉は同じだが「外国人」として生きる日本や地元の高崎。「外国人」ではないが「言葉が違う外国」の大都会ソウル。そんな彼女は、日韓同時代を生きているというよりは、越境を通じて地元や家族・朝鮮学校コミュニティ・職場のつながりから生まれたいくつものローカルな関係性を育みつつ、自分自身の生活を切り拓いていくことをもっとも重視しているように思える。

智美は現在もソウルで暮らしている。旅行代理店での仕事は 3 年で帰任して日本に戻らなければならなかった。ソウルでの生活を継続したいと考え転職を決意した。現在は、日系の人材紹介企業で働いている。韓国に進出している日系企業を対象とした営業が主な仕事だ。私生活にも大きな変化があった。2016 年にはソウルで出会った韓国人の男性と結婚した。韓国人の夫は、日本の語学学校および大学を含めて 5 年の滞在歴がある。智美の両親も日本語でコミュニケーションを取れることもあり、韓国人男性との結婚をとても喜んでいる。夫とは、子どもをつくることや教育について話し合うことも多い。ソウルで生活する智美と夫の場合、どのタイミングで子どもに日本語を教えるのかが懸案だ。

5　カリフォルニアからソウルへ

　地下鉄ソウル大学駅近くの商業ビルの 2 階にあるカフェで朴友子（韓国籍 1987 年生まれ）への聞き取りをおこなった。この界隈はソウル大学の最寄りの地下鉄駅なので、レストランやカフェはソウル大学の学生たちで賑わっている。

　友子は、京都育ちの在日三世である。ソウルでの生活も 1 年半を過ぎたところだ。現在は、ソウル市内の大学院の修士課程に所属し、政治学を学んでいる。ソウルでの生活を始めたばかりのころは、一人暮らしをしていたが、インタビューを実施した 2011 年に入ってからは、日本から引っ越してきた両親とともに生活している。大学院で学びつつ、アメリカの大学院の博士課程進学に向けて準備する日々を過ごしていた。

　友子は、京都市の出身である。生まれは東京だが、小学校 2 年生のときに両親とともに京都に引っ越した。父親はサラリーマン、母親は社会科の臨時講師をしていた。彼女の両親は、学生運動を通じて知り合い、結婚した。小学校 2 年生で転校してから、小中高ともに京都にある私立の学校に通った。両親が民族教育に熱心だったこともあり、東京にいたころには、民団が主催する夏のキャンプに参加したり、土曜日にはハングルを学んだりした。中学生になると、「周囲の受験戦争が醸し出す雰囲気」も好きでなかったし、「とにかく家を出たい」とも思っていた。

第 2 章　ルーツと越境の現在

　そんな友子の人生の大きな転機になったのは、高校 2 年生のとき、アメリカの中西部インディアナ州の田舎町に留学したことだった。日本の高校を卒業の後、ふたたびアメリカの大学に進学する。ロサンゼルス近郊のコミュニティ・カレッジを経て、北カリフォルニアの州立大学へと編入学した。
　アメリカに留学中は「日本人とはつるまなかった」。そのように友子が述べたのは、彼女が通っていたロサンゼルス近郊のコミュニティ・カレッジは日本人留学生がもっとも多いことで知られているからだ。アメリカでも最大の日系コミュニティのあるロサンゼルス周辺部で学ぶ日本人留学生のなかには日本人とつきあい、日本語だけで生活している人たちも少なくない。せっかく日本を出てきたのに、日本人とばかりつるんでも意味はない。だからロサンゼルスにいた頃は、韓国人留学生やコリア系アメリカ人の友人たちとロサンゼルスの中心部にあるコリアタウンに出向き、コリアン BBQ を食べ、カラオケやビリヤードに興じた。
　彼／彼女らとの出会いを通じて、友子のアイデンティティには大きな変化があった。彼女は、アメリカに「行く前はめっちゃ韓国人だと思っていた」が、韓国人留学生やコリア系アメリカ人たちとの交流を通じて、「違い」に気づかされることも多かった。たとえば彼女が、日本で生活する在日の視点から日本社会のことを批判的に語ると、友人たちからは、「日本の何が嫌なの？」という疑問を投げかけられた。日本で育ったのだから、ある種の愛着や誇りのようなものがあるのが当然だという、韓国やアメリカで育ったコリアンたちの素朴な疑問だったのだろう。だけれども友子は、「在日の愛国心と現地の人の愛国心」は異なり、在日である自分のことは「理解されない」ように感じた。岡山で聞き取りをした昌浩もカリフォルニアの大学への留学経験があるように、カリフォルニアの大学には在日の留学生も多いことが予想されるが（筆者もカリフォルニアの大学に通っていて、在日の学生に出会った）、滞在中に他の在日の知り合いはできなかった。高校時代の在日の友人がサンフランシスコのコミュニティ・カレッジに通っていたので、彼女と交流していたくらいだ。
　カリフォルニアの大学を卒業して、韓国の大学院で学ぶことに決めた。友子のなかのどこかに「一度は韓国で生活してみたい」という思いがあった。ただし、ソウルの生活を通じてショックだったことがある。それは、韓国人

が在日のことについて何も知らないことだ。たしかにすでに述べたように、『ウリハッキョ』のようなドキュメンタリー作品の登場や、研究者たちの在日への関心は高まっている。しかし、大学生や一般の韓国人にとって、まだまだ在日に対する理解や関心はそこまで高くないのだ。たとえば、彼女がソウルで出会った韓国人からは、「国籍は？　とか、日本語めっちゃうまい！とか言われた」。そのような韓国における在日をめぐる認識の現状に「失望」した。韓国人には、在日のことを知ってもらいたいと強く思う。だけれども、自分で「在日のことを直接研究する気はない」。「自分の感情が入る分野」を研究することは研究者の仕事ではないと考えている。だから政治学を学ぶことに決めた。在日としての自分の存在に対する理解をめぐる問題を除けば、韓国での生活は「楽」だ。日本社会のような「面倒」な人間関係がなく、「無愛想」な人間関係が好きだ。修士課程を終えたら、また「アメリカに戻りたい」と思っている。自分が住んでいたアメリカに比べて韓国は、どこか「スケールが小さい」ように感じるし、「物足りない」と感じている。

　その後の友子は、アメリカの大学院ではなく、ソウルで通っていた大学院の博士課程へと進学した。2013年にソウルで知り合った公務員の韓国人男性と2015年に結婚し、友子の生活や人間関係も大きく変わり、韓国社会に対する見方にも大きな変化があった。韓国での生活も7年目を迎え、「言葉の壁」もなくなり、在日としてというよりは「韓国人」としての生活を楽しめている。韓国人の夫に出会う前は、コリア系アメリカ人を含む外国人や外国での経験が長い友人たちとのつきあいが多かった。しかし、友人たちの多くが海外へと移動し、就職していくというなかで、友人関係は「徐々に薄れて」いった。むしろ、夫を通じた人間関係に「組み込まれていった」というふうに感じている。それと同時に、韓国での生活にも慣れるとともに安定した人間関係も築きあげたので、ずいぶんと「まるくなった」と感じている。いっぽうで、博士論文執筆のために、2016年度は1年間を東京で過ごす予定だ。今後は、自分のキャリアと家族形成のバランスを「慎重に」はかりながら対応していくことが課題だ。

6　社会運動の現場を歩く

　友子に聞き取りをおこなった同じカフェで、李・鈴木愛（日本籍 1982 年生まれ）にも話を聞いた。他のソウルのカフェもそうだったが、日本のカフェとくらべるとスペースがゆったりとしており、ソファーが置かれている場合も多く、長時間の聞き取りをおこなうにはとても快適だ。
　愛は、父親が日本人、母親が在日二世である。現在は、京都で大学院生をしている。韓国語や韓国社会について学ぶとともに、韓国の社会運動についての現地調査をするための1カ月のプログラムに参加するためにソウルにやってきた。韓国に来るのは、4回目のことだ。
　韓国をはじめて訪れたのは、大学の3回生のときだった。友人との観光旅行だった。「知らない国」に来たような感覚だった。韓国人の友人の自宅に泊めてもらい、韓国の家庭の雰囲気を味わった。「祖国」という感覚もまったくなかった。彼女にとっての韓国に対する眼差しは、自分の知らない異文化に対する眼差しと、周囲にいる在日たちが語る「祖国」をめぐる言説やイメージが入り混じったようなものだった。「在日のなかの韓国を知りすぎている」し、その場合には「韓国は遠い」存在であるけれど、周囲の在日たちによって語られる「祖国」に対するジレンマと自分とは関係がないようにも感じる。
　愛の両親は、大学で出会い結婚した。その後、大阪市の西成にある被差別部落に入って生活及び活動するようになり、そのとき彼女は生まれたのだった。2人の兄がいる。1歳のときに、父の実家の近くの吹田市に引越し、そこで高校まで通った。「勉強は得意」だったし、「特に何もこまることなく」育った。在日である自分の母方のルーツに関しては、子供の頃から聞かされていた。ただし、幼い頃は、母親が自分の人生について語りはじめると「嫌がって逃げた」そうだ。成長していくなかで、彼女の母親が「在日朝鮮人であること」に関わってくる語りは、「母ががんばってきた話」なのだと受け止めていくようになった。家族と親戚以外の在日の知り合いはいなかったけれど、小学校から中学校までは、父親を在日に持つ友人がいた。彼女は、その友人が自分と同じ境遇であることを知りたかったので、小学校4年生のある日、一緒に遊んでいるときに確認し合ったことを今でも鮮明に覚えている。

そんな愛が自分の母親のルーツと自分自身のアイデンティティについて考えるきっかけとなったのは、高校2年生からの2年間、アメリカのニューヨーク州イサカのハイスクールに留学したことだった。アメリカのハイスクールでは、ベトナム人の仲の良い友人ができた。また、韓国人の友人もできた。ただし、自分のルーツとの関係性について考えることは特になかった。もういっぽうで、アメリカの白人社会でのマイノリティ体験や授業で日系アメリカ人の存在を学ぶことを通して、在日＝「私」もまた「移民だった」ということを相対化して確認することができるようになった。
　アメリカから日本に帰国し、京都の大学に進学した。「2回生の終わり頃」から、日本の大学に通う在日の学生を中心として組織される在日韓国学生同盟の活動に携わるようになった。それからは、社会運動に「どっぷりのめりこむ」生活が始まった。在日の社会運動に関わることを通じて、自分の中に「メジャーなものに対する反発」のようなものがあることを感じていくようになった。日本の父親と在日の母親という二つのルーツを持つがゆえに、均質な民族的アイデンティティを掲げる運動には距離を感じるということだろう。だから、彼女自身が「周縁化されていること」に目を向けることにこだわって運動に携わっているのだという。
　愛は、「ハーフ」という言葉も、「ダブル」という言葉にも自分自身をあてはめることはない。一つの言葉で括ってしまうのならば、「ハーフ」も「ダブル」も同じことだからだ。彼女のアイデンティティをめぐっては、在日、日本、「ハーフ」、「ダブル」などなど、様々な記号や物語に取り囲まれつつも、何かしらの大きな物語に自分自身を投影することがしっくりこない。むしろ、それらを参照点とはしつつも、自らを周縁化させる過程に立ち現れる何かから自分自身の存在を感じとっているようだ。
　その後、2012年から2年間、愛はカリフォルニア州ロサンゼルスにある大学院に留学した。ロサンゼルスのコリアタウンでは、コリア系アメリカ人やヒスパニック系の人びととの出会いがあった。研究対象でもあった移民労働者団体の人びとだ。ロサンゼルスではチャンゴを始めた。デモなどで使用するために練習した。アメリカと北東アジアの移動を通じた「他者」との遭遇によって再発見されていく自分。別の国に移動して「他者」に出会うことを通じて自分の異なる一面が見えてくる。「移民としての在日」への理解

が深められていく。そしてまた、日本に戻れば二つのルーツを持つ在日としての自分と様々な出会いと経験が混じり合っていく。2014年に京都に戻ってからは、社会運動のメンバーたちと過ごした渡米前の日々とは「かけ離れた」生活を送っている。大学で非常勤講師をしながら、自宅で論文を執筆する日々が続く。これまで積み重ねてきた自分自身の経験と研究をまとめるために、「すごい遅いペース」だけれども論文を書いている。

7　韓国から北朝鮮を眺める

　地下鉄のソウル大学駅から歩いて5分くらいのところにあるバーで、李哲文（韓国籍 1980年生まれ）と「再会」した。あたりには、カフェやレストランとともに韓国版のラブホテルが数軒ばかり立ち並んでいるが、日本のいわゆるラブホ街の雰囲気とは少し異なる。哲文によれば、ホテルの部屋には大型TVが備えつけられており、一人で滞在するのには経済的かつ快適であるということだった。

　哲文は、在日三世である。彼と最初に出会ったのは、2002年に実施した岡山でのフィールド調査でのことだった。当時、朝鮮総聯の職員として岡山で働いていた彼は、筆者が調査を進めていくうえで非常に重要な存在だった。彼を介して、岡山の朝鮮学校を中心としたコミュニティの調査を進めていくことが可能となったのである。

　インタビュー当時は、大学院の博士課程に在籍中で、東京で大学の非常勤講師をかけもちしていた。今回の滞在は1カ月ほどの短期のもので、調査研究を目的としたものである。また、大学院生のときに2度（それぞれ1年）ソウル市内の大学に留学していたので、その際に親しくなった研究者仲間や友人・知人たちに会うのも旅の目的の一つである。東京での非常勤の仕事を終えた夏休みのヴァケーションも兼ねているような雰囲気だった。

　哲文は、長野県生まれで、新潟で小学2年生まで過ごし、その後は高校3年生までを茨城県の水戸市で過ごした。在日二世の両親と弟の4人家族で育った。この間、朝鮮学校に通った。東京の朝鮮大学を卒業後は、朝鮮総聯の職員として働くことになる。最初の赴任地であった岡山では在日本朝鮮留学生同盟の担当として、日本の大学に通う在日の学生たちを対象に様々なプ

ログラムをコーディネートしてきた。3年間務めた後、福岡市にある大学院に進学する。この間、ソウル市内の大学院に2度の留学をすることになる。

　はじめて韓国を訪れたのは、2002年に釜山で行われたアジア大会のことだった。そのときの哲文は朝鮮籍だった。修学旅行や祖国訪問行事などで平壌には何度か行ったことがあったけれども、韓国を訪れるのは初めてだった。総聯の代表団の一員として、同大会に参加していた北朝鮮代表選手の応援のために釜山に行った。釜山空港から代表団一行が同乗するバスに乗ったときのことである。代表団の一行には、それぞれ2人のガイド役の韓国人が添乗していた。彼らは代表団の一人ひとりにカメラを向けた。ある添乗していた韓国人の中年男性が、「大韓民国最高でしょう！」と哲文にカメラを向けたことは忘れられないし、衝撃的だった。そのような待遇に複雑な心境であったが、初めて韓国に来たということでやはり「浮かれた」気持ちにはなった。滞在中には遠い親戚にも出会った。ただし、あまり「価値観が合わない」ので親密な関係になったわけではなかった。遠い親戚にあたるおばあさんと一緒に市場に行き、卵を売ったりすることを手伝ったのが楽しい思い出として残っている。

　留学生として韓国に再び滞在することになったのは、それから6年後の2008年のことである。大学院の修士課程の若い世代や、在日の留学生、また日本から留学しているものの日本語しかわからない留学生のメンバーなどとの交流を深めた。今や、ソウルは彼にとってとても居心地の良い場所となっている。大学での仕事を終えた夏休みにリフレッシュするにはもってこいの訪問先となっているようだった。ただし、「ただ遊びたくて韓国に来たわけじゃない」。博士論文を執筆するための研究が主要な目的だ。研究テーマは、「韓国の朴政権下におけるナショナリズムの形成と在日」である。このあたりのことを調べるには、当時を生きた韓国人の研究者から感じ取ることのできる時代の雰囲気を踏まえて学ぶことが一番だと考えている。

　哲文によれば、今どきの在日の若者は韓国に来たとしても住みたいと思う人は少ないという。韓流で憧れて来る人もいれば、「親に1年くらい行け」といわれて語学留学する在日の若者も多い。この間、彼は朝鮮籍から韓国籍に変更した。2010年からの2度目の留学がきっかけである。ビザは3カ月しか下りず、友人の結婚式で日本に一時帰国した際に、再入国を拒否されて

しまったことが原因だった。韓国にいれば、日本にいるときよりもより詳細な北朝鮮に関する情報が入ってくる。脱北者の話などに直面すると、それに対しては何ともいえない「無力感」を感じることもある。それでも、朝鮮学校コミュニティを通じて自分自身のアイデンティティを築きあげてきた彼は、日本からは見えない、韓国を通じて見えてくる北朝鮮から、朝鮮半島と日本との関係、そして在日の問題を考えていくことがこれからのライフワークだという。韓国の大学で働くことも可能性としては考えている。それでも将来的には、それを「ステップとして」日本の大学で働くことが当面の目標である。

2016年から、彼がかつて予言したように新たな韓国での生活がはじまった。済州島の大学で働くことになった。北関東の朝鮮学校コミュニティで育ち、ソウルでの留学生活を経て、在日との関係性も深い済州島での生活。彼の移動の軌跡をたどっていくと、リフレッシュする場所としてのソウルや、キャリアの「ステップ」としての韓国の大学への就職という同時代的な感覚とともに、そのような感覚には収まらない、長野―新潟―水戸―東京―平壌―岡山―福岡―ソウル―済州島というグローバルかつローカルないくつもの出会いや経験との交渉を積み重ねることでアイデンティティを形成していったことが伝わってくる。つまり、グローバルな幻想としての同時代感覚を受けつつも、それぞれのローカルな時間と空間から生じる時差や葛藤と折り合いをつけながら現在を生きているのである。

8　おわりに――越境する在日たち

　グローバル都市ソウルで生活する5人の在日の若者たちが語った韓国の経験は、先行世代が「祖国」に抱いたような思いとは異なるようにも映る。ソウルでの生活は、日本の大都市での生活とそんなに変わらないようにも感じられる。植民地時代、冷戦期、そして90年代の民主化を経たグローバル化時代のソウルの街や人びとが醸し出す同時代感覚の只中を生きる彼／彼女らにとって、日本と韓国は地続きだと感じられるのかもしれない。本稿で聞き取りをおこなった在日の若者たちからも、いわば自分たちの地縁と人間関係やそこから育まれた文化資本を流用しながら、ソウルでの経験を人生やキャ

リアに活かそうと考えていることが明らかになった。

　ただし本稿では、そのような彼／彼女らの経験している同時代的な感覚の内実を明らかにするとともに、現在も続いている韓国社会と日本社会の双方における在日に対する歴史認識をめぐる問題や差別や排除といった現実と関連づけて理解することを試みた。そのために、彼／彼女らの生活史の延長線上にソウルでの生活やアイデンティティの変化を位置づけて考察していった。このような観点から捉えていくと、グローバルに同時代的な感覚は表層的なものであり、実は親の世代が「祖国」と日本社会へと抱いた葛藤と若い世代の経験には地続きである部分があることも確認できる。その意味で、同時代感覚という認識には回収することのできないいくつもの時間の流れや価値観が明らかになったといえるだろう。

　「自分探しの旅」を続ける裕子にとって、かつては日本社会で在日として生きることは「コンプレックス」を背負わされるものであった。故郷を出て、独立して都会での生活を通じて家族と親戚以外の在日との偶然の出会いや、社会人としての経験や転職を繰り返すなかで、在日としての自分のアイデンティティに向き合う契機が生れてきたのだった。そして韓国に7年間生活していたという日本人女性とのゲストハウスでの出会いをきっかけとして、「ハンディキャップを有利に」という前向きな気持ちで在日としての自分と向き合うようになる。当然、そのように彼女がわざわざ「前向きに」ならなければいけないような在日をめぐる現状が今日も続いているのである。

　そしてまた、彼／彼女らにとって韓国は戻るべき場所としての「祖国」ではない。まさに智美が「言葉が違う外国」と喩えたように、自分が生まれ育った環境とは大きく異なり、必ずしも生活しやすいわけではない。そしてまた、「韓国に来ても外国人。日本にいても外国人」という語りは、かつて韓国プロ野球でプレーした在日の語りと大差はない。友子が「国籍は？　とか、日本語めっちゃうまい」と韓国人にいわれて「失望」したように、日本でも韓国でも同じ反応が返ってくるのである。2年間のソウル滞在を終えて東京で生活する裕子も、日本にも韓国にも居場所のない自分を「アウトサイダー」であると感じていると述べた。

　グローバル化時代の北東アジアでは、韓国・台湾・日本において多文化主義的な潮流が同時代的に存在している（Iwabuchi 2016）。かつては人権的な視

座から構築されてきた多様性（diversity）を肯定する価値観は、経済的価値観というもう一つのベクトルに後押しされるかたちで国家や都市の政策に組みこまれている。多様性の尊重という観点から外国人住民を包摂するべく諸施策が進められている。しかし日本社会における多文化共生施策にも明らかなように、それは主にニューカマー向けの対策であり、在日コリアンや複数のルーツを持つ人びととの文化やアイデンティティ、さらには彼／彼女らをとりまく現代社会における差別の問題については目が向けられていない（Kawabata 2016）。排除されてしまう人びとを支援する目的で進められる包摂を目的とした施策が、実際には新たな境界線を引き、そもそも包摂／排除という枠組みにおいて後景化していく在日のような人びとの存在の不可視化が生じているのである。

　また、愛のように、日本と在日の双方にルーツを持つ人びとは、今日では多数派となっている。日本国籍を取得している在日の人たちも多い。しかしこれらの人びとも、排除／包摂の諸施策や論理にそもそも組み込まれていないのであり、統計的には把握することができないゆえに不可視な存在となっている。しかし実際には、彼／彼女らこそが混淆化が進む多文化化のフロンティアを生きているのであり、排除や差別を生み出す物理的・認識的境界を生きているのだ。その意味においては、排除／包摂というフィルターを通して認識しようとするがゆえに、排除や差別の問題を考えるうえでもっとも重要である今日的なリアリティを見落としてしまうことにつながるのだ。

　本稿でも考察したように、彼／彼女らは越境を繰り返すことによって、何度も自分自身を問い直すことを余儀なくされる。そしてまた、彼／彼女らの越境の軌跡は、過去と現在をめぐるいくつもの歴史の存在をあぶりだしてもいる。たとえば哲文のように、水戸・東京・岡山・福岡の朝鮮学校コミュニティやアカデミックコミュニティ、平壌、ソウル、済州島を移動していくなかで、常に異なった自己像が浮かびあがることを経験していくことを積み重ねている。それらは簡単に一つに収斂することができるものではない。異なる歴史的視点の交差点で生きることが、彼自身のアイデンティティの形成につながっている。

　また、最初のインタビューから5年後に智美や友子が語ったように、韓国でのパートナーとの出会いを通じて、韓国での人間関係や環境が変化してい

くことによって、彼女自身の韓国観とともにアイデンティティも変容していくことが確認できるだろう。このように、越境を重ね、多数の出会いや経験が上書きされることによって、彼／彼女らのアイデンティティは変容する。そしてそのようなアイデンティティの変容は、今日の在日たちのいくつもの生き方や将来像を提示している。

　そしてまた、彼／彼女らの移動は、自分自身のルーツをとりまくより大きな歴史と結びついている。カリフォルニアを中心としてアメリカへの越境経験者が多かったことは示唆的である。現代を生きる在日にとって、韓国とともに、アメリカでもっとも大きな日系コミュニティやコリア系コミュニティが存在するロサンゼルスというもう一つの東アジアをとりまく帝国主義・戦後の歴史と人の移動の流れと結びついていくことも一つの選択肢となっている。

　国内外のいくつもの境界を越えていく彼／彼女らの存在から見えてくるのは、グローバルに標準化された均質なものとしての同時代的な世界ではなく、そこには収まりきらない、いくつもの過去・現在・未来のイメージである。そのような個人の数だけ複雑に交錯し、混淆化する歴史と社会の交差点に目を向けるとき、彼／彼女らは一枚岩に想像される民族的アイデンティティとしての「在日」を越境し、彼／彼女らをとりまく人びととのグローバルかつローカルな結びつきやつながりのなかで生きる、等身大の姿が浮き彫りになるだろう。

＊本稿に登場する人物はすべて仮名である。

[注]
1　たとえば、ソウル大学日本研究所の発行する *Seoul Journal of Japanese Studies*（2016）では、ソウル大学におけるグローバル化時代に対応した日本研究の成果がまとめられているが、特集として東アジアにおける在日コリアンをテーマとした論稿が寄稿されている。

[文献]
韓東賢（2006）『チマ・チョゴリ制服の民族誌――その誕生と朝鮮学校の女性たち』双風舎。

Iwabuchi, Koichi, eds. (2016) *Multiculturalism in East Asia: Transnational Exploration of Japan, South Korea, and Taiwan*, Rowman and Littlefield.

川端浩平（2013）『ジモトを歩く――身近な世界のエスノグラフィ』御茶の水書房。

Kawabata, Kohei, "Living in love and hate: Transforming representations and identities of Zainichi Koreans in contemporary Japan", in Iwabuchi, Koichi, eds. (2016) *Multiculturalism in East Asia: Transnational Exploration of Japan, South Korea, and Taiwan*, Rowman and Littlefield.

クォン・ヨンソク（2010）『「韓流」と「日流」――文化から読み解く日韓新時代』NHK出版。

李淳美（1998）『私が韓国へ行った理由――在日コリアン2.5世の韓国留学記』国際通信社。

Park, Choel-Hee, "A Word From the Editor" (2016) in *Seoul Journal of Japanese Studies*, Vol.2, No.1, Institute for Japanese Studies, Seoul National University.

第3章

在日済州人、境界人としての意味と役割

許南春

1 序

　民族と国家という「想像の共同体」に対する認識が、ヨーロッパの帝国主義すべてにおいて常識のようになった時期はいつだったか。20世紀がずいぶん経過した後も、そのような認識は簡単には根付かなかった。1950年代にシチリア内陸部に住んでいた人々が、イタリアについて一度も聞いたことがなかったというエピソード[1]は衝撃的であるが、一方でそれは蓋然性の高い話だ。おそらく日帝の侵略以前の済州人もそうであった。島の外に出ることが禁止されていたために、外の世界を認識することには限界があったからである。済州人は、植民地時代に日本へ行って暮らしながらも、韓国人という認識よりは、済州という地域民という認識が強かった。彼らは、在日韓国人というよりは在日済州人であった。このような済州の地域民としての認識は、交通・通信手段の発達、教育の拡大、都市化という20世紀的な状況の中で解体されていく傾向があり、それは民族意識と領土意識の高まりの中で加速化されたといえる。

　済州は過去には耽羅国という一つの国であったが、やがて高麗によって一地方に編入された。この時に、耽羅人としての絆とアイデンティティが確立されたと思われる。本格的な中世帝国である高麗時代初期に、耽羅国は併合され耽羅県が設置された。この亡国の悲しみが耽羅人のアイデンティティを煽ったことは当然である。中世帝国に編入され始めたのは、百済に服属し

た5世紀で、耽羅国は古代国家の存亡の危機にさらされた。そこからアイデンティティが初めて胎動した時期は6世紀頃であったと思われる。最近、湖南学研究団が発掘した6世紀 (AD 500年) の資料には、「耽羅人は非常に我が強い」という記録が見られた。7世紀の三国統一戦争の時期に、同盟関係にあった百済の滅亡に際して復興軍を派遣したことからみると、耽羅の住民の情緒的絆はもっと早い時期に作られていたと判断される。

民族意識は近代の産物である。済州社会の場合、20世紀初頭に日帝の植民地的な収奪が始まる時期における日帝に対する抵抗が「民族的一体感 (national integrity)」を成熟させる重要な与件を提供したといえる。とはいえ、同時に済州社会には、村落共同体の人間としてのアイデンティティが共存する。

村落共同体意識は、済州人のアイデンティティと呼ぶに値する。今も村落共同体が生きており、全国的にも世界的にも前例のない「里誌」が競うように刊行された事実は注目される。日本に定着した済州人も村単位の郷友会を持続していることからみると、いまだに地域アイデンティティと村アイデンティティを完全に維持している点に注目しなければならない。

済州人にとって、中央政府の権力も帝国主義の侵略者も「外部の敵」であるという意識がある点も注目したい。済州人が日帝の侵奪期に植民地の民として苦労してきた点は、大韓民国の歴史と変わらない。戦争と分断の痛みを経験したことも同様である。しかし、済州はいわば二重の植民地経験をしたといえる。一つは、大韓民国の付属島嶼として中央政府の支配を受けて来たことであり、もう一つは、東アジアの覇権 (ヘゲモニー) を掌握するための軍事的な要衝地として帝国の支配を受けて来たことである[2]。

済州は中央政府から収奪を受け、また東アジア帝国からも収奪を受けた。モンゴル侵攻以後、済州島の全体が馬牧場になり荒廃した。日帝末期には本土死守のための「決7号作戦」で済州島のいたる所に数百個の陣地洞窟が掘られ、島全体が破壊された。

解放後は、中央政権によって済州民3万名余が虐殺される4.3事件が起きた。この傷が60余年を経ってもまだ癒えないうちに、再び戦争に巻き込まれようとしている。海軍基地を作って米軍を引き入れようとしている。帝国の侵奪がまた繰り返されようとしている。大韓民国の平澤と群山と木浦を貫

く西海岸の対中国のミサイル防衛（MD）体制の完成のために、大韓民国は米軍の要求を拒むことができない。済州は、犠牲になろうとしている。19世紀から20世紀にかけて100余年の間の歴史が戦争であったとしたら、これからは愛と平和の100年でなければならない。中国は、私たちの親しい隣人でなければならない。これからは平和を守る和解と共存の精神が必要である。なぜ大韓民国は済州を二重の植民地に追いやっているのか。済州人は、この「二重植民地」という状況を明確に認識しなければならない。

2　在日済州人の心を読む

「メンジル（멩지루）」（名節：祝祭日）と言う言葉がある。済州語メンジルが、在日二・三世にそのように呼ばれている。パッチム（韓国語の終声になる子音）が発音しにくいのでそのようになった。我々は文化の混淆を見たし、済州に対する彼らの記憶が薄くなっているように感じた。しかし、まだ済州の記憶が強く残っていた。それを我々は大阪の鶴橋市場で経験した。

大阪には、在日コリアンが約18万人暮らしているが、そのなかでも鶴橋市場がある生野区には済州人が約35,000人暮らしているとされる。済州よりも済州人が多いのではないかと錯覚するほどだ。市場の東口を入ると、すぐに韓国の食べ物が並んでいる路地に出る。チヂミ、のり巻き、豚足、冷麺、キムチ。キムチも白菜キムチ、大根キムチ、ネギキムチ、浅漬け、カクテキ、キュウリキムチ、ニラキムチなど何種類もある。そのおかずの間にスズメ鯛や甘鯛も見えるのが嬉しい。それだけではない。ジルム餅、チェペン、ウンジョルミ、ジョルベン、ソルベン、肉チヂミ、魚チヂミなど済州の食べ物が並んでいる。店のおばあさんは、これらはたいてい祭祀用の食べ物として売れるという。在日済州人は、いまだに済州でしていたように祭儀を行っている。むしろ、もっと古い伝統を守っているのだ。

しかし、日本化している側面もある。「メンジル」をたいていは西暦で行う。秋夕をのぞいて、大部分の祭祀は西暦で行う。一世の話には、まだ「私たちの済州」「私たちの禾北（かほく）」という言葉が出るが、二・三世では薄れている。一世が日本でお金を稼いで、済州の故郷の村に水道や電気を供給するため献身的に募金をしたが、済州では彼らを島民であると思っているだろうか。

「温度差」が感じられると言う。故国が関心をもって僑民と繋がりを持てば、二・三世に故郷に対する意識がつながっていくと、ある僑民は言う。今、私たちは彼らに何をしてあげなければならないのか。

　彼らは民団と総聯に分かれて葛藤があった。南北に分断され、イデオロギーを強要され、国籍も分けられた。日帝時代、貧困のために君が代丸に乗って済州を去り、あるいは強制徴用されたり、4・3事件の時には密航したりもした。在日済州人は帝国主義の植民地支配で難民になり、戦後は南北分断の時期に民族が分断された。解放後60年、祖国が分断されて、交流が遮断され往来もできなかった状況で、長い間、日本で差別され冷遇されながらも在日コリアン、在日済州人が持続してきたことは奇跡であり、驚きだ。

3　在日コリアンの過去と未来

　境界人（marginal man）という言葉は、済州出身のドイツ学者の宋斗律（송두율）が彼の著書に書いて以来、私たちのなかに新しく刻印された単語である。長年、属していた集団から他の集団に移動し、元の集団の考え方や行動様式をすぐに捨てることができず、また新しい集団にも充分に適応できない者を指す。20世紀、我が民族が経験した悲劇によって多くの境界人が生まれた。在日コリアンもやはり境界人の生を生きている。彼らは、韓国・朝鮮と日本という異質な文化を抱え込んで暮らしながら、同時に南と北の理念で分断され、さらに深刻な状況に置かれることになった。

　一世と二世は境界人としての混沌を直接経験した世代と言えるが、三・四世もやはり境界人と言える。民団と総聯に分かれ、韓国学校と民族学校を建て、それぞれの道を歩んだ在日コリアンが、南と北、朝鮮半島と日本の境界を乗り越える第3のコリアン教育機関を建てるという。在日四世のために済州出身の詩人・金時鐘と姜尚中・元東京大学教授など一・二世が中心になり、「コリア国際学校（KIS）」を開校した。在日コリアンが、国家と文化と南北の理念を乗り越える新しい挑戦が始まった。

　コリア国際学校では、ハングルと日本語と英語等の3カ国語を教育し、多文化共生を追求する。近代以降の国民教育の枠を越える新しい時代に相応しい人権と平和を教育目標にしている。東アジアの未来指向的な平和と共存は、

第3章　在日済州人、境界人としての意味と役割

この学校から始まるだろう。
　このような平和と共存の努力はすでに、コリア NGO センターが始めている。大阪にあるこの団体は、民団と総聯の壁を乗り越え、理念的に南と北の統合を追い求め、在日コリアンのために韓国・朝鮮文化を保護・伝承する努力をしている。日本文化を否定して韓国・朝鮮文化を追い求めるのではなく、二つの文化の調和と多文化共生を目指している。
　在日コリアンの約 15％を占める在日済州人のアイデンティティも大きく揺れている。まだ一・二世は、済州文化を守っているが、三・四世では異なる。彼らに済州文化のみを強制することはできない。彼らが暮らして来た環境、日本文化を認めながら、前世代が守って来た済州文化を紹介する機会を与えなければならない。
　在日済州人の渡日の時期から三・四世が生きる現在まで、彼らの生活の内と外をのぞき見るための多様な視点が必要である。どのようにして渡日し、結婚し、子どもを教育したのか。暮らし向きはどのようだったのか。儀礼や風習は、済州の伝統をどの程度維持しているのか。生活の内側をよく見なければならない。そして移住後どのような職業を得て、日本人の中でどのように暮らして来たのか。済州人同士の関係はどのように維持しているか。南北の理念によって分かれた民団と総聯という異質な団体とどのように対応しながら生きて来たのかという外側もよく見なければならない。
　彼らが日本に渡るようになったきっかけは、韓国あるいは済州の近代史の悲劇と同じ脈絡にある。日帝統治下の貧しい時代に君が代丸に乗って、日本の工場に働きに行ったり、強制徴兵や徴用で連れて来られたり、海女（あま）の募集に応じてやって来た。解放後、彼らの大部分は済州に戻ったが、4.3 事件で再び密航して日本に来た者もある。彼らは、日本で日本人が耐えられないような大変な仕事をしながらあらゆる差別を経験した。公務員試験や大企業の入社には制限があった。通名でコリアンであることを隠して入社しても昇進に制約を受けた。日本人は、徹底的に公務員や社会の全般的インフラと関わる重要な業種（電気、水道、道路、鉄道）で彼らを排除した。公営住宅と健康保険の加入のような福祉サービスからも制約があった。その上、一世は意思疎通もスムーズにできなかったので、彼らの立場は最低であるしかなかった。一世の中には「盗み、人殺し以外、なんでもやった」という者もいる。彼ら

69

が経験した苦痛と悲哀は続いたし、「カラスが泣かない日はあっても在日が嘆息をもらさない日はない」と言うように大変な日々であった。あるおばあさんは「日本は、私たちを犬・豚だと思って人間扱いをしてくれなかった」と言って、一世の悲惨さを要約した。

　そのような差別と苦痛の中でも在日済州人はよく耐えて、済州の文化的アイデンティティを守りながら暮らして来た。甘鯛、ジョルベン、ジルム餅、ウンジョルミを取り揃えて祭祀を行って、西暦が一般化した日本の中で、正月と秋夕の名節は、旧暦を守り、墓参のため年に一度は済州を訪問したりもする。済州へ帰って、済州の輝かしい発展に喜びながらも、最近の若者は、済州語を使わないので寂しいとも言う。

　韓流ブームによって、日本人が韓国人を見る目が変わったと言われるが、それは韓国に住んでいる韓国人に対する認識の変化であり、日本に住んでいる在日コリアンに対しては大きく変わってないと彼らは言う。在日コリアン社会は、最近日本に渡り定着して東京新宿にコリアンタウンを建設したニューカマーに対して冷たい視線を送りながら、融合することができない。簡単に楽に金儲けしようとしているという反感がある。そこには彼らの苦難の歳月に対する深い思いがある。

　まだ、沢山の問題が在日コリアン社会の中に残されている。在日済州人も同様である。故郷の済州を恋しく思いながら、済州を支援してきた一・二世のために済州島がすべきことは多い。彼らの中には相変らず貧しいままで、済州に帰ることを夢みることもできない境界人の生が続いている。子世代の三・四世のためにも済州島が立ちあがらないといけない。三・四世は徐々に日本に同化している。20歳に国籍を選択する機会を与えられるが、80％が日本を選択して帰化している。彼らの中の90％は日本人と結婚している（この数字には帰化したコリアンが多数含まれる）。彼らにとって言語の問題が最も深刻である。また、故郷済州との関係が断絶している。在日済州人が経験する問題を解決しなければならないときである。

　済州大学校が設立した在日済州人センターは、そのような意味で時期適切であった。最初の在日済州人センターは済州大学校に建てられたので、次の新しい在日済州人センターは、在日済州人が多い大阪や東京に建ててはどうかという意見も傾聴しなければならない。前の世代は、自分の子が済州語や

済州文化について学び、ルーツを認識してアイデンティティを継承することを切実に望んでいる。今後は、在日済州人センターを大阪にも設置し、文化交流を試みなければならない。

4　総聯と民族学校の未来

　済州の近代化過程には、在日済州人がいた。解放後直後に故郷に帰って来ることができなかった人々と4.3事件前後に日本に密航した人々が60余年以上、日本で暮らしながら故郷を助けた。私たちは2年間、在日済州人の足跡を追った。彼らは韓国を国籍としている民団の人々であった。今度は、私たちは残り半分である総聯の人々の生を追跡してみた。

　総聯は他人の地で60余年も孤軍奮闘して衰弱していた。民団出身の三～四世がハングルが分からず、日本に帰化する数字が増加する趨勢を勘案すれば当たり前の状況であろう。北朝鮮の政治的な危機や経済的な困難が北朝鮮の内部だけではなく日本にいる総聯の人々まで困難にさせた。特に、日本人拉致問題は北朝鮮を攻撃的に眺める日本人の世論を形成し、総聯の人々の立場を悪化させ、生命の危険さえ感じさせた。チマチョゴリを着て通っていた総聯の子どもたちは民族差別を経験したが、これは他人事では片づけられないだろう。

　このような北朝鮮を憎悪する雰囲気のため、総聯の構成員は減少した。北朝鮮と日本が未修好国なのでパスポートを使うことができず不便であったので、総聯を離れて民団に所属をかえる者も増えたという。また、東欧が崩壊して社会主義理念が限界を露呈する国際情勢の中で、北朝鮮が理念的な硬直性を固守することに嫌気がさした総聯の人々が国籍をかえる場合も多かったという。以前は、在日コリアン全体のうち民団と総聯とが半分であった状況から、現在では、48万のうち総聯側は10万未満に急激に減少した。

　しかし、総聯は生きている。荒野のような他人の地で民族意識を守って来た民族学校があったからである。民族学校は、国語と国史を教える教育の中心であるだけでなく民族文化の中心、共同体意識の求心点になった。日本で民団が運営する学校はわずか3校であるのに、総聯が運営する民族学校は多いときには255校に達した。兵庫県だけで20余校があった。瀬戸内海に浮

かぶ家島諸島の西島には、日本の正規学校がなく民族学校に日本の児童のための日本語組を運営するほどであったという。

民族学校が設置される過程において、当時、北朝鮮の力なしにはできなかった。学校を建て運営する資金に相当する額が北朝鮮から支援されたと聞いたことがあり尋ねたところ、支援が少しあったことは事実であるが、そのお金が元になり総聯の人からの後援を触発するきっかけになり、大部分の資金は総聯の募金で用意したという。北朝鮮からは継続的に奨学金が支援されたという。北朝鮮の経済が貧しくなった後は、支援が中断されなかったか尋ねたところ、彼らは貧しい学生のために持続的に民族学校へ奨学金を支援していたという。

「国から国から／お金を送ってくれるとは／夢にも夢にも／思わなかった……異国の地でも勉強が上手でなければならないと／堂々と朝鮮の人として育たなければならないと／主席様が送ってくださった／教育援助費と奨学金／主席様の高く大きな愛／私の祖国の大きな愛」この詩は、東大阪の朝鮮中学校の校誌である『キドゥンガム〈기둥감〉』31号（2009年2月21日）に掲載された中学校1年生の詩であるが、「祖国の愛は暖かい「조국의 사랑은 따사로워라」」という題である。学芸会の序幕もこの詩から始まった。

大阪を訪問した時（2007年2月21日）、東大阪の朝鮮中学校の学芸会を見たことがあった。我々の一行はこの民族学校の招待を受けて、3時間近く学芸会を見学した。生徒たちと観衆の熱烈な歓迎を受けて、私たちは生徒たちの情熱的な公演に魅せられた。国語の歌と公演、我々の踊りと民族楽器の公演を日本の地で見たことは大きな感動であった。生徒たちが歌った民謡の中には「ドングレダングシル、ドングレダングシル、お前もダングシル、ウォンザ頭で月も明るくて私が頭でガルゴナ」という済州民謡「オドルトギ」もあって、日本に住む生徒達と済州に住む私たちが一つであるという感動がこみあげてきた。

日本に住んでいる生徒達は公演で「祖国の統一」を叫んだ。生徒達も分断の苦痛を乗り越えて祖国が一つになる日を待っている。祖国が統一すれば、民団と総聯という区別も清算し、生徒達も日本の中でもっと堂々と暮らせるのではと思った。しかし、彼らにとって「祖国」とはどこなのかという疑問も浮かんだ。生徒達が叫ぶ祖国は北朝鮮なのか。ある民族学校の先生が

言った言葉が浮かんだ。「もう私たちは南と北に分けて祖国を考えていません。国より民族が優先です。だから愛族愛国を教えます」。本当にそうだった。彼らの思考や行動の中で祖国を分けてどちらかの味方であるという姿はもう清算されて民族を重視する教育が強調されていた。

19世紀末、世界の列強が朝鮮半島で利権を争い、役人たちは、親米、親日、親ロ、親清に分かれて争った。結局、日帝の植民地に陥ってしまった。私は19世紀を思うと厳しい峠が思い浮かぶ。峠越しには、民族の恥辱と悲劇が待っていた。今私たちは20世紀の厳しい峠を越えて21世紀の破綻に至っている。世界すべての国が20世紀の左右翼の理念を清算したが、この地だけ未だにその理念の残存の中で惨憺たる状況にある。南側は親米と親日で、北は親ロと親中で困窮した道を歩んでいる。どんな道より民族が中心にならなければならない時期ではないか。南北が一つになる道以外にどんな選択があるのか。日本に住む民族学校の生徒達を見て、和解共存を思い浮かべた。

今、日本の中の民族学校も変化している。民団出身の学生と総聯出身の学生がそれぞれ50％くらいだそうだ。彼らの中では、すでに民団と総聯の境界は消えていた。南と北の理念も飛び越えようとしていた。出会いと交流があるだけだった。私たちは新たな出会いを確認することができた。総聯出身の男性と韓国出身ニューカマーの女性が結婚して、その子供は北に公演に行って来て、韓国の母方のお婆さんに会いに行っているという家庭を取材した。これからの在日コリアンの未来の姿があった。民団と総聯の境界を捨て、南と北を行き来し、韓国・朝鮮文化と日本文化をよく知る彼らが両国の平和を模索する主役になるという希望が芽生えた。

5　在日済州人との協力

5-1　在日済州人と協力の必要性

在日済州人は済州の近代化の過程で大きな役割を果たした。彼らの価値を重視しなければならない。彼らと協力し共存する道をもっと拡張しなければならない時期である。しかし、彼らとの関係性は一部の分野に制限されている。経済的な交流に限定せず、多様な交流を準備しなければならない。経済的側面の効果を倍加するためには、学術的な交流も非常に重要である。済州

農業の改革、経済特区による新しい産業、文化観光の望ましい方向性などを改めて考えなければならない。済州の学者と済州をよく知る日本研究者がともに協力しネットワークを構築すれば、その成果を高めることができる。特に、済州文化を国内外の済州研究者が共同で研究し、その独自性を土台にした文化コンテンツ産業を活性化させる方策を考えることもできる。

　未来を担う若者達の交流も重要である。在日済州人の次世代に済州のアイデンティティを継承し、彼らが成長した後、彼らの学問的な成果と経済力を済州に貢献できるような精神的な土壌を作っていくことは、済州の未来にとって重要である。歴史の周辺にあったがために、より多く深く国際交流を経験した済州が、いまや歴史の中心となり、韓国の周辺部ではなく東アジア地中海の中心部として浮上している。

5-2　協力構築の問題点

　これまで済州に関心を払った海外済州人は在日の経済人であった。彼らはこれまで多くの面で済州を支援し、済州経済に貢献した。しかし、彼らはいまや済州に手を差し延べることを恐れている。彼らを利用だけして彼らにお返しすることはなかったからだ。私たちのネットワーク事業は彼らを利用するだけではいけない。互恵関係でなければならない。

　在日済州人は、最近の交流に対して否定的な見解を見せている。不満も表している。コンベンションセンターに投資を慫慂しても、見返りがないだけではなく、それに対する説明もないということに怒っている。もはや彼らは投資をためらっている。信頼を回復し、謙虚な姿勢で向き合わなければならない。在日済州人に対する配慮が足りなかった点を反省し、これに対する補償策を考えなければならない。彼らが済州に投資し、済州に対して関心を傾けることは当然だと考え、私たちが彼らに関心を払うことを考えて来なかった。学術面でも同様である。私たちは彼らがどのように生きて来たかについては見て来なかった。彼らが済州の文化をどのように維持して暮しているのか。外国において村落共同体を支えて来た方法は何だったのか。二・三世に対する教育をどのようにして来たのか。アイデンティティを維持するためにどのような工夫をしてきたのかなどに関する研究は、彼らによってなされてきた。これからは彼らに対する総合的な学術的接近が必要な時期である。

5-3 協力構築の方案

　日帝時代から始まった済州人の日本への移動について真剣な研究がなされなければならない。彼らは歴史の犠牲者であった。強制的に済州を離れなければならなかったり、経済的な窮乏を乗り越えるために仕方なく済州を離れた歴史を思い出さなければならない。韓国・北朝鮮と日本あるいは済州と日本の二つの文化を跨いで生きる彼らの立場を理解しなければならない。韓国・朝鮮語と日本語、韓国・朝鮮文化と日本文化を共有している彼らのアイデンティティを認めながら彼らと交流を始めなければならない。特に二・三世との交流のためには歴史的文化的な前提を理解しなければならない。

　在日済州人とは誰だろう。私たちはよく分からない。済州で考える在日済州人と日本で考えるアイデンティティの間には差異が存在する。私たちは「今、ここ」のみを考えて来て「今、そこ」を考えることはできなかった。過去のこことそこには糸が存在した。そこの彼らは絶えず済州に帰って来ることを前提に暮らして来た。しかし、時間が経って、一世が舞台を離れた後、二・三世が主役になっている状況では、こことそこは違う。私たちはまず「今、そこ」に関心を寄せなければならない。そこに住むようになった二・三世が済州との糸を引き継ぐことができる方策を探さなければならない。

　かつて在日済州人が済州に投資する理由は、感情的な面が大きかった。済州のために何かを与えなければならないという責務があり、気持ちがあった。しかし、今はどうなのか。済州の言語や文化について、親が残した物以外はよく分からない彼らには第 3 の動機づけが必要である。済州島が彼らのために済州的なアイデンティティを教育し、彼らが関心を寄せるようになったら、彼らの生に済州島が存在するようになる。彼らに済州島という豊かで暖かい基盤があると確認させれば、済州島に対する関心が生まれる。彼らの価値を認めれば彼らも済州島の価値を認めるようになって、関心の網が形成される。

　「今、そこ」にある二・三世に対する私たちの関心を、言語と文化の教育、在日済州人の貧困層に対する福祉対策、参政権の保障などに広げなければならない。その対象は在日済州人すべてでなければならない。彼らすべてに対する関心が成熟すれば彼らの誰もが済州に報いるだろう。施して報いる関係に切り替えなければならない。在日済州人の全体の現況を把握して、経済人と学者のネットワークを構築する方策を取らなければならない。

在日済州人のネットワークを構築する事業はただ人的資源の名簿を作成して終わってはいけない。実質的な共同事業が推進されなければならない。その事業の目標が経済的・学術的な交流であっても、このためには文化的交流の扉を開けなければならない。それは教育事業から着実に進めていかなければならないだろう。

　また互恵の原則に立たなければならない。そのためには、どのように彼らと交流するのか工夫しなければならない。在日済州人と一緒に何をするのか、どんなアイテムが適切なのかを探す作業が必要である。彼らの技術力と済州の労働力が結合したり、私たちの企画力と彼らの資本力が結合したり、私たちのソフトウェアと彼らのハードウェアが結合したり、私たちの文化資源と彼らのコンテンツ産業が出会う方法を探さなければならない。

5-4　在日済州人との交流プロジェクト

　まず、二～四世のためのプログラムを用意しなければならない。今後の在日済州人の協力の主体は二～四世であることを肝に銘じなければならない。だから、済州島では彼らのために済州郷土学校の活用計画を立てて、言語と文化の教育に集中的に投資すべきである。韓国語、済州語、済州史、済州文化を教育して、済州に所在する大学への入学機会を付与し、在日済州人の韓国企業就業プログラム開発にも力を注がなければならない。

　日本に出向いて言語・文化の専門教育をする必要性もある。特に、在日済州人が多い大阪や東京に教養講座を開設すれば、済州に対する関心を新しく呼び起こすことができるだろう。一世のための生涯教育講座を開設し、二～四世のための現地言語文化教育を行い、在日済州人の経済人のための経営大学院講座を開設し、在日済州人の研究のための専門家の養成を行うことが必要である。

　我々は、在日済州人の中の経済人だけに格別な関心を寄せて来たが、これからは多様な層に対する関心が必要である。戦後、厳しい時代に済州の村に公民館を建て、電線を架設し、本を送ってくれた人々は、成功した在日済州人であったが、貧乏でありながらも故郷を援助した者も多かった。済州がよくなってほしくて日本の地で辛い仕事をしながら稼いだお金を惜しまず送った人々の多くは、貧しく福祉も充分に受けられなかった。これからは、彼ら

のために済州島と済州道民が恩返しする時である。

　経済的に成功した人と未だに貧しい人、一世と二～四世、多様な職業と多様な立場（永住者、留学生、不法滞在など）を網羅する協力の方策が用意されなければならない。特に、一世は政治的な混乱期に祖国を去るほかなかったという不幸な歴史を持っている。彼らはディアスポラ（民族の離散）を経験して、境界人として生き、カルチャーショックと経済的窮乏を免れることができず、大部分は３Ｋ職業に就き苦しんでいる。対策を講ずる時である。在日済州人の福祉問題、人権問題、国内の財産問題など新しい関係と新しい価値を創出するために社会的問題に取り組まなければならない。

　100万の済州人と言いながら、済州の歴史の中で在日済州人 20 ～ 30 万の歴史は極めて限定的にしか知られていない。今後、在日済州人の歴史を掘り起こして整理して、近代史の中に組み入れていかなければならない。

　彼らが、故郷へ帰ってきた時に韓国語が分からないからといって、「半チョッパリ」という言葉を浴びせてはいけない。彼らが日本での生活に疲れて帰化したとしても「チョッパリ」だと呼んではいけない。彼らがサッカーの韓日戦で日本を応援したり、韓国文化をよく分からなくても日本人だと決めつけてはいけない。民族は言語と国籍と人種と文化を飛び越える概念でなければならない[3]。彼らは、二つの境界の真ん中に立っていて、彼らは韓日交流の中心軸になることができる。韓日平和を望むなら彼らをよく活用すべきだ。民族の境界を越えて東アジア平和共存を論ずる時である。

　在日済州人の中で民族の和解がなされ、イデオロギー的な桎梏を脱することができればよいだろう。民団と総聯に分かれて、韓国学校と民族学校を建てて、それぞれの道を歩んでいた在日コリアンが南と北、日本の境界を乗り越える第３の道を模索すべき時期である。在日コリアンが国家と文化と理念を乗り越える新たな挑戦を始めた。多文化共生を中心軸にして境界を超越しようとする素晴らしい構想である。我が民族が東アジアのバランスを担い、平和共存の時代を開くことを期待する。

6　韓日境界人としての役割

　韓国と日本を繋ぐ仲介者としての在日済州人を含む在日コリアンの役割を

浮き彫りにしなければならない。在日済州人一世に対する関心にとどまらず二、三、四世に繋げていかなければならないし、国籍を替えた済州出身子孫にまで繋げていかなければならない。韓国と日本、済州と日本、その境界面が拡大されれば、社会的経済的な交流の拡大だけではなく、政治的な和解も可能だろう。韓日の二つの文化の共有面も広がるだろう。

　内外を分ける明確な認識も重要であるが、紛争と矛盾と衝突と差異の問題がある場合は、境界を区切るかわりに、お互いが接触する第3の境界面（空間）を拡大して行く方式[4]も工夫しなければならない。例えば、在日済州人を済州という括りの中に引き入れるよりも、韓国と日本、あるいは済州と日本の緩衝地帯として設定し、彼らのアイデンティティを認めることによって、済州人の外延はもっと拡がり、済州のグローバル化の可能性も拡大するだろう。そのような理由で私たちの生活の周辺に「境界面」を拡大して行く包容力が切実に要求される時だと言える。

[注]

1　Margaret MacMillan（2009 クォンミン訳）『歴史使用説明書（THE USES AND ABUSES OF HISTORY）』コンジョン、123頁。
2　髙明澈（2013）「欧米中心主義の超克のための超克の文学」『バリマ（바리마）』創刊号、国学資料院、57頁。
3　フランス革命を経て、血統、言語、宗教、地域などの違いを超えて、国民という共同体が形成された。ルナンは言った。国民は、過去ではなく、未来を共有する。（趙東一（2015）『文学史はどこに』知識産業社）
4　宋斗律「ヨーロッパから東アジアを考える」『実践文学』2012春号、実践文学社、180頁。

第4章

ヴァナキュラー
——在日コリアンの事例から

島村恭則

1　ヴァナキュラーとは何か

　在日コリアン[1]をめぐっては、多様な視点、学問領域からのアプローチがなされているが、本稿では、民俗学（アメリカ民俗学）において、近年、理論的キーワードとして多用されるようになっているヴァナキュラー（vernacular）という概念を通して、在日の生について考える。

　ラテン語の「家で生まれた奴隷（a home born slave）」を語源とする「ヴァナキュラー」は、近代文献学において、〈権威あるラテン語に対する世俗の言葉（俗語）〉を意味する語として用いられてきたが（Burke 2004, Leonhardt 2013, 小長谷 2016）、その後、建築学の領域に流入し、専門の建築家以外の者によって建てられた建築物をさす語として、「ヴァナキュラー建築（vernacular architecture）」が広く用いられるようになった[2]。そして、ヴァナキュラー建築は、土地・風土に根差したものとして建てられたものであることが多いため、「ヴァナキュラー建築」の語は、「土地・風土に根差した建築」という意味も持つようになった。

　社会言語学においても、ヴァナキュラーが用いられている。ここでのヴァナキュラーは、標準語に対する言語的変異のうち、地域、エスニシティ、階層が交差する位相における言語的変異を記述するための概念として設定されている。社会言語学で扱う言語的変異のうち、地域的変異を表す用語としては、「方言（dialect）」があるが、これに対して、単なる地域的変異に回収で

きない実態を補捉するための概念として用意されたのがヴァナキュラーである[3]。

　民俗学（アメリカ民俗学）では、1950年代に、民俗学的建築研究の領域でヴァナキュラー建築の語が使用されるようになり（Vlach 1996：734）、その後、芸能、工芸、食、音楽をはじめ、より広い対象に対してもこの語が使われるようになったが（Vlach 1996：734）、概念としての理論的彫琢はレオナルド・N・プリミアノ（Leonard N. Primiano）によるところが大きい。

　プリミアノ（Primiano 1995）は、ヴァナキュラーの語を語誌的・語史的に検討して、この語に、地域的（*local*）、土着的（*native*）、個人的（*personal*）、私的（*private*）、芸術的（*artistic*）などの含意があることを明らかにし、また周辺領域での概念化の動向を検討した上で、「個人の生きられた経験に見出される創造性」を意味する概念として、ヴァナキュラーを再定位した[4]。そして、この概念によって、かつて民俗学が用いてきたフォークロア（*folklore*）の語──長らく、この語には、「地方の農民の間に残存する民間伝承」というニュアンスが込められていた──では捉えられない人間の生の実態がとらえられるとした[5]。

　筆者は、プリミアノによるヴァナキュラー概念に共感しつつ、さらにこれを民俗学における「生活世界」論と接合して再定義している（島村 2017）。「生活世界」（*Lebenswelt, life-world*）は、いうまでもなくエトムント・フッサール（Edmund Gustav Albrecht Husserl）の現象学と、それを社会学の文脈で批判的に発展させたアルフレッド・シュッツ（Alfred Schütz）によって提唱された概念であるが、1960年代以降、民俗学（ドイツ民俗学、中国民俗学）においてもこの概念が導入され、「生活世界」研究として民俗学を位置づける議論が展開されてきた（バウジンガー 2010、李 2015、高 2015、戸 2015、高 2016、戸 2016）。筆者は、この学史の延長線上で、ヴァナキュラー（*the vernacular*）を「〈生きられる世界〉としての生世界において生み出され、生きられた経験・知識・表現」をさすものとして定義している（島村 2017）。

　この場合、「〈生きられる世界〉としての生世界」のうち、「〈生きられる世界〉」とは、社会学者の江原由美子が定義する「生きられる世界」と同義である。江原は、シュッツの生活世界論を分析し、彼のいう生活世界には、「想像の世界」「夢の世界」「芸術の世界」「科学の世界」「宗教的経験の世界」

「子どもの遊びの世界」「狂気の世界」と並んで多元的リアリティを構成する一リアリティとしての「日常生活世界」を意味する生活世界と、多元的リアリティの総体としての生活世界の二つがあるとした上で、このうちの後者を「生きられる世界」と呼んでいる（江原 1985：25-55）。

また、筆者の定義における「生世界」は、同じく社会学者の西原和久が提起した「生世界」の議論に拠っている。シュッツの「生活世界」論を創造的に発展させた西原は、現象学的社会学の「生活世界」論が忘却した身体的「生」（生命）を視野に入れた根源的な「生」世界論を展開し（西原 2003：190-194）、これまで「生活世界」の日本語があてられてきた Lebenswelt, life-world に「生世界」の語をあてるべきことを提唱している（西原 2006：71-80）。

江原と西原によるこれらの議論を踏まえ、筆者は、身体的「生」（生命）の次元を含めた「多元的リアリティの総体としての生きられる世界」を、「〈生きられる世界〉としての生世界」と称している。そして、この「〈生きられる世界〉としての生世界において生み出され、生きられた経験・知識・表現」を以て、ヴァナキュラーの定義としているのである[6]。

以上が、本稿で採用するヴァナキュラーについての説明であるが、それでは、ヴァナキュラーの視点から在日の生を検討すると、どのようなことがいえるのか。次にこの点について考えたい。

2 「民族文化」「民族的アイデンティティ」とヴァナキュラー

2-1 ヴァナキュラー

筆者は、かつて福岡市の在日集住地域をフィールドに、『〈生きる方法〉の民俗誌——朝鮮系住民集住地域の民俗学的研究』というエスノグラフィを公刊した（島村 2010）。この本を刊行した段階では、ヴァナキュラーという言葉は使っていないが、現時点で考えると、同書は在日のヴァナキュラーを記述し、それをもって、「民族文化」や「民族的アイデンティティ」をめぐる語り方について再考しようとした著述であったということができる。どういうことか。以下、説明してゆこう。

本書における問題意識は、これまでの在日についての調査・研究は、在日

の人びとが持つ「民族文化」や「民族的アイデンティティ」について、それがどのように「持続」しているか、あるいは「変容」しているか、といった点を明らかにしようとするものが多かったが[7]、それらは、在日の生から、「民族文化」や「民族的アイデンティティ」に相当するものを抜き出して分析したにすぎず、在日の生を正面から捉えたことにはなっていないのではないか、というものである。

　もっとも、筆者の場合も、在日についての現地調査を開始した当初は、在日の人びとの「民族文化」や「民族的アイデンティティ」を分析することをテーマとしていた。しかしながら、現地調査において、在日の生のあり方をそのまま素直に観察すると、「民族文化」や「民族的アイデンティティ」だけでは説明しきれないような世界があることに気づいたのである。このことに気づいてからは、「民族文化」や「民族的アイデンティティ」をいったん括弧にくくり、フィールドに生きる在日の人びとによって生み出され、生きられた経験・知識・表現——本稿でいうヴァナキュラー——に着目した調査を行っていった。その結果、およそ次のようなことが明らかになった。

　玄界灘に面した博多港を擁する福岡市には、第二次大戦直後、朝鮮半島への帰還をめざした在日の人びとが九州・西日本を中心に各地から集結した。しかしその後、朝鮮半島情勢をはじめとするさまざまな事情により、かれらの多くがこの地にとどまって集住することになった。かれらは、博多港周辺の河川敷や空地にバラックを建て、その結果、バラック集落が生み出された。バラック集落の住民たちは、闇市での商売、密造酒製造、養豚、、飲食店、各種商店、廃品回収、人夫出し（労働者派遣業）、間貸し、簡易宿泊所をはじめとするさまざまな生業を生み出し、展開した。ここに見られるかれらの経験・知識・表現は、いずれも、在日をとりまく第二次大戦後の社会・経済的状況の中で、それらと折り合いをつけながら、生き抜くために生み出され、生きられたものであるといえる。

　バラック集落での暮らしは、1945年から1950年代を通じて続けられていたが、1960年代になると転機が訪れた。かれらが暮らすバラック集落が、行政主導による立退き事業の対象となり、順次、立退き代替団地への移転を余儀なくされることになったのである。この立退き・移転は、行政による圧

第4章 ヴァナキュラー

倒的な力によって執行されたものであり、住民たちは、大筋ではその力に従わされることとなったが、ただし、かれらは行政側の絶対的な力によるコントロールに完全に屈服したわけではなかった。住民側は、行政に対する抵抗や交渉を展開し、その結果、行政側に、代替団地における増築や増築費用の融資などを認めさせることに成功した。かれらは、自らをとりまく大きな状況に飲みこまれそうになりながらも、そこになんとか自らの主張をすべりこませてゆこうとしたのである。

住民たちのしたたかさ、たくましさは、代替団地への入居後にも発揮された。かれらは、代替団地において住戸の増改築を行い、またそうして確保した空間を用いて人夫出し飯場の経営などをさかんに行った。ここにも、自らの置かれた状況の中で、状況に一方的に従属させられるのではなく、持てる材料を最大限に活用しながら、したたかに、かつたくましく状況を改変しようとする生のあり方を見出すことができる。

ところで、バラック集落や代替団地、すなわち集住地域における住民たちの生は、決して無条件に均質的・集合的なものとして展開されてきたものではなかった。住民間には、助け合いや連帯、親密感の共有も見られ、また集住地域の外部から住民に対して外圧が加えられた場合、とりわけ外部への抵抗、交渉が展開される際などには、住民の団結が志向されることもあった。しかし一方で、個別の利害関係にもとづく、住民間でのさまざまな駆引きや狡知の競いあい、あるいはエゴイズムの発現もまた少なからず見られた。したがって、集住地域の住民が無条件に一枚岩的存在になっていたなどという見方をとることはできない。

集住地域が均質的状況にないことは、集住地域内における階層分化の状況について見ても容易に理解できる。とくに、注目されるのが、集住地域内の最下層に位置する在日以外の住民（日本系住民[8]）の存在である。集住地域の大半は港湾に隣接して立地していたため、在日住民たちは日雇の港湾労

集住地域の様子（福岡市）

83

集住地域の様子（福岡市）

働者（加えて土木・建設労働者）相手に、人夫出し、間貸し、簡易宿所の経営を行ったが、この場合、者の側は、ほとんどが日本系住民であった。ここには雇用者・大家としての在日住民、被雇用者・間借り人として日本系住民という階層関係が成立していたのである。

　以上が、福岡市の集住地域に暮らす在日住民の生世界において生み出され、生きられてきた経験・知識・表現、すなわちヴァナキュラーのおよその姿であり、これを具体的にエスノグラフィとして記述したものが、『〈生きる方法〉の民俗誌──朝鮮系住民集住地域の民俗学的研究』である。
　ところで、同書を見ると、すぐに気づかれることであろうが、本書の記述は既存の在日研究とは相当に異なる位相にある。すなわち、筆者のエスノグラフィには、他の在日研究の書とは異なり、「民族文化」や「民族的アイデンティティ」が正面きって登場することがあまりない。これをどう考えるか。この現象は、本書が偏見にもとづいて書かれたものだから、というわけではない。むしろ、実態がそのような記述を要請したと考えるべきである。では、その実態とはいかなるものだろうか。

2-2　「民族文化」「民族的アイデンティティ」とヴァナキュラー
（1）言　語
　移住第1世代の在日住民は、朝鮮語（朝鮮系事象としての朝鮮半島の言語。ただし、第1世代にとっての朝鮮語とは、共通語としての韓国語（大韓民国）、朝鮮語（朝鮮民主主義人民共和国）ではなく、慶尚道など出身地の地域語のことである）のネイティブであった。かれらは日本語（日本系事象としての日本列島の言語。共通語としての「日本国語」および日本列島各地の地域語がこれに相当。以下同じ）とともに、家庭内や集住地域内では、朝鮮語を用いることも多かった。
　これに対して、日本で生まれ育った第2世代は、日本語ネイティブである。ただし、民族団体（在日本朝鮮人総聯合会、在日本大韓民国民団）の幹部や活動家、

民族学校の教師、その他「民族」について強い思い入れを持った人びとの場合には、民族団体や民族学校の行事など公式的な場面で朝鮮語での会話を行うことが少なくない。その場合の朝鮮語は、第1世代に育てられた中で身に付けた朝鮮語、および日本敗戦直後の国語講習所（第2世代への朝鮮語教育を目的に設けられた教育機関）、あるいは朝鮮学校などで学習した言語としての朝鮮語である。そしてこうした人びとが朝鮮語を用いる場合、それには「民族」の象徴、すなわち「民族文化」としての意味がこめられている。

　第3世代は、一般的には朝鮮語での会話は不可能であるといえる。ただし、この世代の場合でも、民族団体の幹部や活動家、民族学校の教師、その他「民族」について強い思い入れを持った人びとの場合には、やはり公式的な場面においては朝鮮学校などで身に付けた朝鮮語が用いられる。また、朝鮮語の知識を持たない人びとの場合でも、家庭内での会話では、家族の中の第1世代や第2世代による朝鮮語使用の影響を受けて、スッカラ（箸）、イモ（母方叔母）、コム（父方叔母）といった程度の単語レベルにおいてのみ朝鮮語使用を行っている場合がかなりある（同時に、家庭環境によっては全く朝鮮語のボキャブラリーを持たない第3世代の者もいる。ただし、それはどちらかといえば例外的なケースのように思われる）。

　以上のように、朝鮮語の知識や運用状況には世代や受けた教育による差異がある。とはいえ、朝鮮語の語彙を一つも知らないというような例外的なケースを除けば、朝鮮系住民たちは、第3世代も含めて、公的場面以外の日常的状況においては、多かれ少なかれ（この個人差は大きいが）、朝鮮語と日本語を何らかの形で組み合わせた言語運用を行っているといえる。

　そしてその際の使用言語・語彙の選択は、必要だから、便利だから、たまたまそこにあったから、それしか知らないから、といった事情によるのであり、また、自分が選択、運用している言葉が朝鮮語なのか、日本語なのかについて、とりたてて意識をしていない場合も多い。

　なお、姓名に関しては、世代に拘わらず、多くの人びとが通名（日本語名）を使用している。ただし、これまた民族団体の幹部や活動家、民族学校の教師、その他「民族」について強い思い入れを持った人びとの場合には、本名（朝鮮語名）を名乗るケースが見られる。

（2）衣・食・住

　現在、日常的に朝鮮系の衣服を着用している者は男女ともにいない。しかし、1960年代までは、第1世代の女性が夏季に白いチマチョゴリを着用（髪は、長い髪を束ねてピネ（ピニョ。簪）で結っていた）している者もいた。男性は1945年の集住地域形成後、現在まで日常着として朝鮮系の衣服を着用することはなかった（戦前において、それぞれの居住先でパジチョゴリを着用していた第1世代はいたという）。

　こうした日常の衣服に対して、非日常の衣服については、女性の場合、かつても現在も、結婚式に参加するときにはチマチョゴリを着用することが多い（男性は黒の礼服（洋服））。非日常着としてのチマチョゴリは、多くの女性が所有しているといわれている。ただし、一方で、披露宴等で和服を着用する者もいないわけではない。また、葬儀の場合は、1960年代まで、遺族は男女とも麻の礼服を着用することも多かったが、現在では、男女とも黒の喪服（洋服）である。

　次に、キムチは、ほとんどの家庭で日常的に食されている。何らかの形で「民族」について強い思い入れを持った人びとの場合、キムチを単なる漬物とは考えず、「民族的アイデンティティ」の象徴的アイテムとして意識している場合があるが、しかし、一般の住民にとっては、「ただそこにあるから」「それしか知らないから」「昔から食べているから」「おいしいから」食べているのであって、それ以上でも以下でもない。多くの住民にとって、キムチは、ただの漬物の一種にすぎない。そして、かれらは日本系の漬物も同じく嗜好しており、キムチと日本系の漬物とは等価であるという実態がある。

　キムチ以外では、シジビ（スジェビ。すいとん）、シレギク（菜っ葉の汁）、尾っぽ汁（テールスープ）、ナムル（野菜の和え物）がよく食べられている。またどんぐりを拾ってきてトットリム（灰汁抜きしたどんぐり）を作る人もいる（第2世代）。またトンチャン（ホルモン）を焼いて食べることもされるが、これは朝鮮系というよりは、戦後闇市時代に食べられるようになったものといわれている。

　朝鮮系食材については、集住地域の周辺に食材店があって、ここで買うこともできる（キムチ、テンジャン＝味噌、コチュジャン＝唐辛子味噌など）。とくに、味がおいしいといって購入する人が第2世代に多い。また、韓国からのポッ

第4章　ヴァナキュラー

タリチャンサ（担ぎ屋、行商人）がケンニプ（えごまの葉）やサンチュ（サニーレタスに似た野菜）、テンジャン（味噌）などを行商に来るのでそれを買う人もいる。

儀礼食では、正月を含めたホージ（法事。後述）の供物に朝鮮系食材が多用されている。ナムル、蒸し豚などである。これらは、かつてはホージ終了後、ヤンジェギ（たらい）に入れてピビンパプ（混ぜご飯）にして食べた。また、ピビンパプは日常的にも食べられることがしばしばあるが、その際には炒めて食べることが多い。

以上のように、朝鮮系の素材や調理法による食生活も営まれているが、同時に、以上のようなもの以外については、日本系の食であり、また上記のような食生活も日本系食材・調理法との混淆として成立している。日本系を完全に排した食生活は、成立していない。むしろ、おいしいものは、朝鮮系か日本系かに関わりなく、何でも取り入れているというのが実態である。

住居は、バラックや公営団地を使用しており、朝鮮系の「伝統的な」家屋などはつくられてこなかった。住居に関して朝鮮系のものといえば、電気カーペットが「オンドル」と称されていることくらいである。電気カーペットは、日本国内で電気カーペットが商品として売り出される以前から、集住地域に隣接する在日経営の電器屋がカーペットに電線を入れたものを自作して売っていたという。

この場合、電気カーペットは、「オンドル」と称されていても、これを「民族的アイデンティティ」を表象するものだと考えている住民はいない。これは「民族」志向の人びとにおいても同様のようである。なお、電器屋自作の電気カーペットは、漏電することが多く、バラック集落における火事の原因になることもあったという。

現在は、メーカー製の電気カーペットが使用されている。かつてもいまも、電気カーペットだけでは寒さをしのげないため、ストーブも併用されている。この点で、朝鮮半島の暖房がオンドルだけで完結しているのとは異なる様相である。

(3) 祖先祭祀

在日たちの「民族文化」の代表格として研究者が好んで取り上げてきたの

が祖先祭祀である。祖先祭祀は、朝鮮語ではチェサ（祭祀）と呼ばれる。福岡市の集住地域でも、チェサという呼び方は聞かれなくはない。しかし、ホージ（法事）と呼ばれることのほうが圧倒的に多い。

　ホージは、正月や盆、命日に長男筋の家で行われている。ホージの日には、拝礼を行うため本家筋（集住地域内にあるとは限らない）の家を訪ねる。集住地域内の本家には、地域の内外から親族が集合する。

　祖先祭祀の儀礼次第や供物については、近年、民族団体によってマニュアルが出版されており、それらには、元来、祖先祭祀には厳格な規定があったと記されている。しかし、チェサのマニュアルの中では用いられていない「ホージ（法事）」という日本語語彙が、祖先祭祀をさすものとして今日広く用いられていることからもわかるように、必ずしも規範どおりの儀礼が行われているわけではない。儀礼の方式や供物などには相当の多様性がある。

　たとえば、民族団体系の組織が発行したマニュアルには、祭壇に約30種類の供物を並べることとされているが、バラック集落の時代には、貧しさゆえに、そのようなことは行われず、ありあわせの食材を用いたり、場合によっては、水と新聞（故人の霊が読む）だけを供えるというようなホージも行われていた。マニュアルにあるようなチェサができるようになったのは、経済的にゆとりができてからのことで、それもこの地域に暮らす朝鮮系住民全体から見れば、「金持ち」だけのものだとのことである。

　この他にも、さまざまなバリエーションがあり、たとえば、仏壇を所有して、朝鮮系の祖先祭祀と日本系の仏教を併用しているケースは少なくない。中には、韓国に行ったときに露店で購入したお経のテープをホージの際にカラオケセットでかけている、といった事例も見られる。

　ただし、そうした事例群とは別に、祖先祭祀の儀礼を「民族的アイデンティティ」を象徴するもの（「民族文化」）と捉え、できるだけマニュアルに沿った儀礼を行おうと努力している人もいる。このような人びとは、儀礼のやり方にこだわりを持ち、たとえば供物の一つ一つに対してそれが持つ象徴的意味についての豊富な知識を有している。筆者の調査の範囲内でいえば、このような人びとは、「民族」に対して強い思い入れを持っている男性、とりわけ民族団体の幹部クラスやその経験者に多いように判断された。しかし、一方では、儀礼に「民族」を象徴させるというような発想をとらず、上に見

たような、きわめて柔軟な儀礼実践を行っている人びともまた多いのである。
　なお、祖先祭祀を実践している人びとに対して、「なぜ、ホージを行っているのか」という質問をしたところ、「民族の伝統だから」「儒教の精神に従うべきだから」などという回答を得ることもあるにはあったが、多くは、「昔からやっているから」「きまりだから」、あるいは、「ホージをやると幸福になる」「ホージは自分の幸福のためにする」などという回答であった。この場合、「ホージをやると幸福になる」「ホージは自分の幸福のためにする」という回答は、ホージが、「現世利益」的な意味合いを持つものとして実践されていることを示しているといえる。こうしたことから、祖先祭祀の儀礼についても住民間でさまざまな受けとめ方があるということができよう。

(4) 「民族的アイデンティティ」
　住民の中には、その生活が「民族」中心に展開されている者もいる。この人びとは、民族団体の幹部や活動家、民族学校の講師といった立場にある人、あるいはそのような役職にはついていなくても、朝鮮半島への思い入れを強く持った人びとであり、かれらは収入や時間の多くを「民族」団体に捧げる生活をしてきた。また、日常的にはそれほど強く「民族的アイデンティティ」の自覚がなされていなくても、周囲の社会から何らかの外圧が加えられた場合や、民族団体の活動への動員などある種の啓蒙教育がなされた場合には、「民族的アイデンティティ」が実感されるようになるという状況も存在する。
　しかし一方で、以上のような状況とは異なるケースも存在する。たとえば、集住地域の出身で、これまでにさまざまな職業を経て、最終的に事業経営で成功したある人物は、「(自分の人生は——島村 注) 次から次へと貧乏になったり金持ちになったり、行ったり来たりの人生で、貧乏なときも、金持ちのときも、そんなもん朝鮮人の自分なんてものは、思い出さないよ。あるのは、そのときどうやって金を儲けて飯を食って暮らしていくかだ。朝鮮人は、朝鮮人のために生きてるわけじゃないんだ」と語っている。
　また、夫婦で長年、などをしてなんとか今日まで暮らしてきたある住民は、「民族だ、組織だ、なんてこと言うのは、組織でいい目にあっているもんだけだ。組織っていうのは、いまはだいぶ静かになっているが、昔は、組織の

集会とか行かないと、あとで、なんで集会に来なかったかといって詰め寄られたりした。おとなしい者は言われるままに集会に行っていた。本当のことをいえば、民族だ、組織だっていって熱心にやっている者は、それだけおいしい目に合えるからだろう。自分は、身よりも少ないし、韓国にも共和国（北朝鮮）にも一度も行ったことない。あるのは、毎日暮らしているっていうことだけ」と語っている。

　これらの人物の生は、「民族的アイデンティティ」とは距離のあるものとなっているといえるだろう。そしてまた、「アイデンティティ」という点では、「どうやって金を儲けて飯を食って暮らしていくか」、「毎日の暮らし」がかれらの「アイデンティティ」ということになるのかもしれないが、あるいはそもそも「アイデンティティ」といったものの存在をこれらの語りの話者たちに想定すること自体、あまり意味のあることではないのかもしれない。日々の暮らしの中で、「自分はいったい何者か」などということを意識する間もなく人生を送ってきたという状況の存在も想定されうるのではないだろうか。

　在日住民たちの中に、たしかに、「民族的アイデンティティ」が明確に自覚されている状況も存在していることは間違いない。また、筆者は、「民族的アイデンティティ」を明確に意識している人たちの思いを否定するものでは全くない。しかし、「民族的アイデンティティ」から遠い生、あるいはそもそも「アイデンティティ」というものの存在を想定することにあまり意味を見出せないような生が存在することもまた確認できるということを指摘しておきたい。

　以上のことをふまえた上で、先に眺めてきた集住地域住民のヴァナキュラーと、「民族文化」や「民族的アイデンティティ」との関係を説明すれば、次のようになるだろう。

　現地の在日住民の生においては、直接的、もしくは間接的に朝鮮半島にその出自があると考えられる生活諸事象が「民族文化」として意味づけられた上で積極的に用いられたり、「民族的アイデンティティ」が明確に意識されたりする状況も確認できた。しかし一方で、「民族」を至上の命題とはせず、生活上の必要に応じて、朝鮮系、日本系の別に関わりなく、さまざまな事象

が、柔軟に選択されている状況もまた多く確認できた。ここからいえることは、「民族文化」や「民族的アイデンティティ」というものは、人によって強弱の程度の差はあるものの、あくまでも、ヴァナキュラーの中に出現するものだということであり、ヴァナキュラーに先行して存在しているものではない、ということである。

3 「多文化共生」とヴァナキュラー

　ところで、ここまで見てきた「民族文化」「民族的アイデンティティ」とヴァナキュラーとの関係の構図は、この地の在日の間だけに見られるものというわけではないだろう。各地の在日をはじめとするさまざまな移民の人びとはもとより、日本系住民の側にも、同様の構図は指摘できるのではないか。筆者はこのような見通しを持っている。そして、この見通しは、いわゆる「多文化共生」をめぐる言説の批判的再検討という問題と結びつくと考えている。最後にこのことについて言及しておきたい。

　人類学者の栗本英世は、1990年代以降、日本社会に広まった「多文化共生」という概念について、批判的な考察を行っている。その論点を、筆者の言葉を補いながらまとめると、次のようになる。

　「多文化共生」言説には、移民や外国人を、表面的で固定的なエスニック文化の持ち主であるとし、また「日本人」の側については、均質で調和的な文化の持ち主であるとする前提が存在している。このような前提がある場合、「日本人」の側からの他者（移民や外国人）理解は、表面的でステレオタイプなものにとどまり、また「日本人」側は、（本来そのようなことはありえないにも拘わらず）自らを安全地帯にいるものと仮想することから、他者が抱える問題は、他人事となってしまい、結局、両者の間に「共生」は実現しない。両者の共生のためには、他者と自己の双方が、純粋・均質・固定的な文化の持ち主などではなく、内側にさまざまな差異を抱えた存在であるという認識から出発することにより、他者と自己を地続きの存在、同様の問題を抱える存在として捉え直すことが必要だ（栗本 2016）。

　栗本の指摘のとおりであろう。本稿で見てきたように、人は、自らが置かれた状況の中で、ヴァナキュラーを生み出し、生きている。こうしたヴァナ

キュラーは、純粋・均質・固定的な「文化」などではない。それは、可塑性・創造性に富んでおり、ステレオタイプに押し込めることの困難な経験・知識・表現である。このようなヴァナキュラーの地点から他者と自己を眺めることで、われわれは、純粋・均質・固定的な「文化」観にもとづいて設定された他者と自己の間の境界線を相対化し、地続きの関係性という新たな境地にたどり着くことができるのではないだろうか。栗本の論点を、本稿の議論に結びつけると、このようにいうことができるだろう。

　ところで、純粋・均質・固定的な「文化」観を前提としない文化交流のあり方を模索した西川長夫は、『国境の越え方——比較文化論序説』に収められた「文化の国境を越えるために」と題する文章の中で、人類学者の岩田慶治が書いた文章を援用しつつ、「私文化」という考え方を提示している（西川 1992：211–282）。

　「われわれは日常的に、日本文化、イギリス文化、フランス文化、ドイツ文化、等々、文化と国名を無反省に結びつけて使っている。これは文化の単位を政治的な国境で区切ることを意味するが、そのような文化の単位のとり方は、はたして正しいのであろうか」（西川 1992：214）。このように問う西川は、岩田慶治が書いた「日本文化と自分文化」という文章に導かれ、「私文化」という考え方に到達する。西川が引用する岩田の文章は、つぎのようなものだ[9]。

　　　文化というものは、言語がそうであるように、漂流し、土着し、変化するものである。同じ文化でも、厚く堆積したところと、表面的に撒布されたところがある。濃淡があり、分布のむらがある。だから日本文化の固有性、特異性を主張するには慎重でなければならない。
　　　このごろ、国をあげて国際化が唱えられ、その声、その流れのなかで日本文化を再認識しようという試みが活撥である。
　　　それは大いに結構であるが、そのさい日本文化の存在が前提とされている嫌いがある。日本文化とは何か、はたして日本文化と呼べるものがあるのか、という根本的な自己反省から出発してもよいのではなかろうか。
　　　（中略）遠景としての日本文化論ではなく、一歩、その文化の内部に踏

み込んでみよう。日本文化と呼ばれる額縁を取り外して、自ら画面の中に入って筆を取るといってもよい。

そうすると、そこに見られる光景は外からの眺めとはずいぶん違うのである。そこに見えてくるのは、作者の行為とその作品なのである。農民は稲を育てて米をつくる。みかん農家はみかんの木を育ててみかんをつくる。別に日本文化をつくっているわけではない。

人麻呂は亡き妻を偲んで挽歌をつくり、赤人は自然の寂寥相を歌って自分を表現した。能だって、茶道、華道だって、また、茶碗をつくる人も、それぞれの創造者はその道によって自己表現を試みたのである。親鸞や道元が生涯をかけて追求したところは、日本文化とはかかわりのない世界であった。

創造者たちはそれぞれに自己表現の究極を目ざしたのであった。別に、日本文化をつくろうとしたわけではない。強いていえば、自分文化をつくろうとしたのである。

万葉集には自ずから万葉調のリズムが流れ、古今集には、またそれなりの微妙な言葉のひびきがある。だから、そこに日本文化の基調音を聞きとることはできるかもしれない。しかし、それは作者の与り知らぬことで、作者は自分の作品が日本文化の標本にされることに迷惑しているかもしれないのである。

文化という歴史的な堆積物を、どういう額縁にいれるか。それを人間集団のどのレベルで切って、その截断面を点検したらよいのか。自分か、民族か、国民か、人類か、それとも草木虫魚か。それが問題である。

この文章を援用し、西川は、文化を、それを創造する者、すなわち「自分」「私」という個人による動的な創造過程（＝「私文化」の創造過程）に立ちいって観察すべきことを説く。そして、そのことによって、現実に適合しない固定的な文化モデル——それは、国際的な文化交流に対するイデオロギー的障害ともなっている——を廃し、より現実に適合した動的なモデルにもとづく文化変容と異文化交流の理論を考えることができると論じている[10]。

行為者による文化の動態的な創造過程に着目する西川の問題意識は、筆者の問題意識とまったく同じである。この場合、西川は、「私文化」の語を

もってこれを提唱しているが、民俗学の理論的文脈では、「〈生きられる世界〉としての生世界において生み出され、生きられた経験・知識・表現」としてのヴァナキュラーが、まさに「私文化」に相当するものであるということができるだろう。

　人は誰しもヴァナキュラーを生きる存在であること。この認識から出発する人間共生論、人間交流論を構築することで、われわれは「日本的多文化共生の限界」(栗本 2016)を越えていかなければならない。

＊本文中で、福岡市の在日の生について記述した部分には、筆者による『〈生きる方法〉の民俗誌——朝鮮系住民集住地域の民俗学的研究』での記述と重複しているところがある。これは、行論上、同一事例をとりあげる必要があったためである。ご了承いただきたい。

[注]
1　ここで在日コリアンとは、日本帝国主義による植民地支配を最大の要因として日本列島に移住した朝鮮半島(済州島を含む)出身者およびその子孫をさすものとし、朝鮮籍者、韓国籍者に加え、かつて朝鮮籍もしくは韓国籍で、のちに日本国籍を取得した者や、朝鮮籍者、韓国籍者と日本国籍者との間に生まれた子やその子孫をも含めることとする。なお、以下では、在日と略記する。
2　建築学におけるヴァナキュラーの語の初出は、1857 年の George Gilbert Scott によるものとされる (Gowans 1986 : 392)。
3　たとえば、ニューヨークのインナーシティにおいて黒人若年層が用いる英語を研究したウィリアム・ラボフ (William Labov) は、かれらの言語に対する呼称として、「黒人英語ヴァナキュラー (Black English Vernacular)」の語を用いている (Labov 1972)。
4　プリミアノは、ヴァナキュラーの単位を個人に設定しているが、同時に、「他の個人やコミュニティから受け取った要素の伝達の重要性を否定せず」(Primiano 1995 : 50)と述べているように、他者やコミュニティとの関わりを考慮していないわけではない。
5　民俗学内部においては、1965 年にアラン・ダンデス (Alan Dundes) が行ったフォークロアの再定義、すなわち、(地方の農民に限らず)「どのような集団であっても、共通の要素を持っていればその集団はフォークであり、その集団が共有する伝承はフォークロアである」(Dendes 1965) という理解が広がっている。しかしながら、学史上、あまりにも長く、フォークロアの語が「地方の農民の間に残存する民間伝承」

第4章　ヴァナキュラー

という意味合いで使われてきたために、現在でもこの語が従前の意味で用いられてしまう危険性があること、また、ダンデスの定義においても、フォークロアは、「集団」によって共有される「伝承」という概念規定がなされていることなどから、プリミアノは、そうしたものとは一線を画した新たな概念として、ヴァナキュラーを提出している。

6　なお、筆者は、民俗学が扱う研究対象としての「民俗」とは、ここでいうヴァナキュラーに他ならないと考えている。したがって、ヴァナキュラーの日本語訳が「民俗」であり、「民俗」の英語訳がヴァナキュラーということになる。

7　なお、これまでの在日研究において、「民族文化」や「民族的アイデンティティ」という言葉が持つ意味内容の説明は、明確な規定を行わずに論を進めるものも含め、多様であるが、ここでは、最大公約数的なものとして、在日における「民族文化」、「民族的アイデンティティ」をつぎのように定義しておく。すなわち、「民族文化」とは、直接的、もしくは間接的に朝鮮半島にその出自があると考えられる生活諸事象のうち、研究者や当事者によって、「民族的アイデンティティ」を表象する「文化」として特別に意味づけられたもののこととし、「民族的アイデンティティ」とは、自分が何「民族」であるかについての感覚のこととする。

8　ここで、日本系住民とは、日本国籍者で、近代以降において日本列島のいずれかの地域に出自を持つ人びとのことをさすものとし、行論上、在日コリアンを含む「在日外国人」系の人びとはここに含まないものとする。一般に「日本人」と呼ばれる人びとは、この日本系住民に相当するといえようが、以下、本論文では、上のような定義を付した用語として、「日本系住民」の語のほうを用いることとする。

9　岩田の文章の引用は、西川（1992：220-222）に拠った。西川によると、この文章は、『京都新聞』の「現代のことば」というコラム欄に掲載されていたものという。本来、ここで筆者が岩田の文章を引用するにあたっては、直接、当該記事まで遡っての引用をすべきであるが、西川の著書には、岩田の文章の書誌データ（新聞刊行日）が記載されていない。そのため、やむを得ず、西川による引用からの引用というかたちをとることとする。

10　西川の「私文化」論については、西川（2006）も参照。

［文献］
江原由美子（1985）『生活世界の社会学』勁草書房。
高丙中，Gao Bingzhong（田村和彦訳 2015）「中国民俗学の新時代——公民の日常生活を研究する文化科学へ」『日常と文化』第1号、89-99頁。
高丙中，Gao Bingzhong（西村真志葉訳 2015）「生活世界——民俗学の領域とディシプリンとしての位置付け」『日常と文化』第2号、60-73頁。
栗本英世（2016）「日本的多文化共生の限界と可能性」『未来共生学』第3号、69-88頁。

小長谷英代（2016）「『ヴァナキュラー』——民俗学の超領域的視点」『日本民俗学』第285号、1-30頁。

島村恭則（2010）『〈生きる方法〉の民俗誌——朝鮮系住民集住地域の民俗学的研究』関西学院大学出版会。

島村恭則（2017）「民俗学（Vernacular Studies）とは何か」日本学術振興会「課題設定による先導的人文学・社会科学研究推進事業『グローバル社会におけるデモクラシーと国民史・集合的記憶の機能に関する学際的研究』ワーキングペーパー。

西川長夫（1992）『国境の越え方——比較文化論序説』筑摩書房。

西川長夫（2006）「〈私文化〉をめぐる諸問題——アイデンティティ論を中心に」島村恭則・青木隆浩編『民俗学における現代文化研究』（「国立歴史民俗博物館研究報告」第132集）、国立歴史民俗博物館、357-368頁。

西原和久（2003）『自己と社会——現象学の社会理論と〈発生社会学〉』新泉社。

西原和久／岡敦（2006）『聞きまくり社会学——「現象学的社会学」って何？』新泉社。

バウジンガー、ヘルマン（河野眞訳 2010）『フォルクスクンデ ドイツ民俗学——上古学の克服から文化分析の方法へ』文緝堂。

戸暁輝，Hu Xiaohui（西村真志葉訳 2015）「民俗学における『生活世界』概念の『当たり前』についての再考」『日常と文化』第1号、100-108頁。

戸暁輝，Hu Xiaohui（西村真志葉訳 2016）「民俗学：批判的視点から現象学のまなざしへ——バウジンガー著『科学技術世界のなかの民俗文化』訳者あとがき」『日常と文化』第2号、44-56頁。

李相賢，Lee Sang-Heong（中村和代訳 2015）「ドイツ民俗学と日常研究——ドイツテュービンゲン大学民俗学研究所の村についての日常研究を中心に」『日常と文化』第1号、35-45頁。

Burke, Peter (2004) *Language and Communities in Early Modern Europe*, Cambridge: Cambridge University Press（原聖訳（2009）『近世ヨーロッパの言語と社会——印刷の発明からフランス革命まで』岩波書店）.

Dundes, Alan (1965) "What is Folklore?" in Alan Dundes ed., *The Study of Folklore*, Englewood Cliffs: Prentice Hall, pp.1-3.

Gowans, Alan (1986) The Mansions of Alloways Greek, in Dell Upton and John Michael Vlach eds., *Common Places: Readings in American Vernacular Architecture*, Athens: The University of Georgia Press, pp.367-393.

Labov, William (1972) *Language in the Inner City: Studies in the Black English Vernacular*, Philadelphia: University of Pennsylvania Press.

Leonhardt, Jürgen (2009) *Latin: Geschichte einer Weltsprache*, Munich: C. H. Beck (translated by Kenneth Kronenberg (2013) *Latin: Story of a world Language*, Massachusetts: The Belknap Press of Harvard University Press).

Primiano, Leonard N. (1995) "Vernacular Religion and the Search for Method in Religious Folklife," *Western Folklore*, 54(1), pp.37-56（小田島建己訳（2007）「宗教民俗における方法の探究とヴァナキュラー宗教（Vernacular Religion）」、『東北宗教学』第3号、129-157頁）.

Vlach, John Michael (1996) "Vernacular," in Jan Harold Brunvand ed., *American Folklore: An Encyclopedia*, New York: Routledge, pp.734-736.

第5章

在日コリアン宗教者と宗教的なるもの
——エスニック宗教文化の周辺

山口　覚

1　はじめに

　町の近くに山があり、そこから川が流れているとする。川に沿って上流に歩いて行くと道はいつしか山道となり、川は谷川となっていく。町の雰囲気は消え去って辺りは完全に別世界となる。谷筋には「滝」と呼ばれる大小の水の落差がしばしばある。中には古くから行場として用いられてきたものもあろう。もっとも、そうした行場を、日本古来の宗教施設として理解するだけでは不十分なときもある。そこに置かれた石碑や仏像には朝鮮半島に由来するであろう人々の名が刻まれていることがあるし、近辺の宗教施設には在日コリアンが関わる「朝鮮寺（韓寺）」が含まれるかもしれない。大阪大都市圏に位置する生駒山系での調査結果をまとめた『生駒の神々』（宗教社会学の会編 1985）などによれば、都市部にほど近い山々には多数の宗教施設があり、朝鮮寺も珍しくない。

　滝行場のような宗教施設では、在日コリアンと日本人の宗教者は互いに親和的であろうか。それとも排他的であろうか。在日コリアン宗教文化の研究で知られる飯田（2012）は、今東光の小説である『山椒魚』（今 1958）に注目している。『山椒魚』には「朝鮮の人は、お瀧行がすきでんな」、「半島人は、えらう瀧が好きやさかいな」というように「半島人」などとして登場するコリアンが滝行を好んでおこなうことが繰り返し記され、さらに次のようにある。

半島人は何という祈禱をするのか、自分達で太鼓や鉦を持ち込み、瀧壺に散米して、勝手に呪文をとなへてを【ママ】がんでゐた。その間、のべつに瀧に打たれるのである（今 1958: 468）。

日本人宗教者が管理する滝行場を、在日コリアンたちは独自の儀礼方法をもって利用していたというのである。異なる宗教文化は少なくとも表面上では混淆することなく、さりとて相互に排除することもなく、同じ行場を用いて実践されていたことになる。

朝鮮半島の宗教文化である儒教に基づく先祖祭祀であるチェサ、あるいはシャーマニズム的要素の強い「クッ」という儀礼をおこなう朝鮮寺などに関する諸研究では、日本社会に生きながらも、あるいはそうであればこそ、宗教文化が強く維持されてきた姿が捉えられている。在日コリアンの宗教現象一般を描き出した飯田（2002）、あるいは大阪市桜宮にあった竜王宮について詳述したこりあんコミュニティ研究会他編（2011）などはその例となろう。また、大阪市生野区にあるいくつかの仏教系寺院や韓国大阪教会、山口県下関市にある曹渓宗光明寺のように在日コリアンを主たる対象とした宗教施設を見ることもできる。

しかし同胞を主な対象とする宗教者も含め、多くの在日コリアン宗教者は程度の差こそあれ日本の宗教文化と何らかの関係を持ってきたはずである（飯田 2002）。曺（2014）によれば韓国では仏僧がクッに参加することはないとされる一方で、日本ではクッに参加するコリアンの仏僧がいる。こうした宗教文化の重層について、在日コリアン宗教者たちは「私達は日本に住み、日本の寺社で修行しているから当然だ」と話すという。あるいは次のような例もある。兵庫県宝塚市の宝教寺はコリアン宗教者を開祖とする朝鮮寺であったが、日本人の弟子が後継者となり、信者にはコリアンも日本人もいた（山口 2011）。在日コリアン宗教者の多くは朝鮮半島に由来するエスニック宗教文化を重視しながらも、宗教者個人としては日本の宗教者や寺社、信者たちと接してきたのである。

コリアン・エスニック宗教文化の研究では「日本の寺社」や日本社会との関係は周辺的な事象となるため、必ずしも注目されてこなかった。しかし文化事象がそれを取り巻く様々な社会状況の中で展開してきたとすれば、当該

文化の周辺で確認される事象にも目を配る必要がある。そこで本稿では、コリアン宗教文化が日本社会の中でどのように存立してきたかを知るために、いくつかの宗教施設との関係を中心に見ていく。そこでは、コリアンと日本人双方の宗教者や宗教施設における排除／包摂の諸相に触れることになろう。

話を進める前に「朝鮮寺」という語について触れておく。宮下（2012）は、朝鮮寺という呼称がシャーマニズムとの関連に限定されたり、特定の国家との関係を示しているように思われるといった諸問題を検討した上で「在日コリアン寺院」という名称を提唱している。筆者は、先に挙げた宝教寺の事例から、相当数の日本人が関わってきたという点で朝鮮寺という呼称を軽々には使えない可能性があることを示唆した（山口 2011）。本稿では、在日コリアンが中心的に関与しているかどうかではなく、朝鮮半島に由来する宗教文化を多少なりとも志向している宗教施設である場合に「朝鮮寺」という語を用いる。この語を使っている限り先に挙げた諸問題は解消されないが、エスニック宗教文化が志向する「朝鮮半島」という参照点（空間準拠系）を明示するうえでは有効であろう。

ここまでは特に断りもなく「エスニック宗教文化」という語を使ってきたが、これについても検討の余地がある。次章ではエスニック宗教文化についてコミュニティ／コミュニタス、宗教文化／宗教的なるものといった概念と重ねて検討し、その上で具体的な話に移りたい。

2　宗教文化と宗教的なるもの

生まれ故郷を離れて新天地を目指した人々、あるいは異郷を目指さざるを得なかった人々、つまり出郷者たちは、移住先においてマジョリティとの差異を感じたり、マジョリティからの差別的な待遇を受けることによってマイノリティとしての自己認識を有するようになる。マイノリティという自己認識を持つようになった出郷者たちは、同郷者とともに、厳しい移住先とは対照的に良好な姿で想起される出身国や出身地域といった故郷の空間的枠組みを参照しながらエスニック・アイデンティティを発現し、エスニック集団を形成する。エスニック集団は故郷と結びつく文化事象を重視するであろうし、それを意識的に自他に示すことで集団のまとまりをさらに強化するかもしれ

ない。

　実際には、エスニック集団を前提にした、こうした集合的なストーリーだけですべてを語れる訳ではない。出郷者個々人をそれぞれ個性を持った人間と見なすのであれば、各人の主観性や各人の有するパーソナル・ネットワークの影響によって人々の関係をめぐるストーリーはもっと複雑な様相を呈することであろう（山口 2008）。移住先においては同郷者との関係だけでなく、多様な人々との関係が新たに構築され得るし、そこが多数の多様な人々によって占められる都市的な場であればなおさらである。しかしまずはエスニック集団の存在を前提にして話を進めよう。

　さて、当該エスニック集団のすべての成員ではないとしても、その一部の人々が故郷に由来する宗教文化を奉じているとする。そのような宗教文化はエスニック宗教文化と呼ぶことができるだろう。また、エスニック宗教文化を奉じる部分集団はエスニック宗教コミュニティとなる。宗教に関連する文脈にあっては、当該コミュニティの構成員はそれ以外の人々とは排他的な関係にあるはずである。

　もっとも、固定的な自他の境界を有するコミュニティ概念を問いなおすために人類学者のターナー（1996）が提唱した「コムニタス」という在り方を考慮するならば、そこに他者が介在する余地が生まれる。祝祭などに際して生成するコムニタスとは、たとえば「固定した空間的に限定された集団形成（グルーピング）という意味でのコミュニティに還元されるものではない」（デランティ 2006：62）。個々人を媒介とするコムニタスとは「各人が他者の存在を十分に体験するとき、一瞬のうちに相互のあいだに生まれるなにか」（ターナー 1996：189）であり、そこでの人間関係は「直接的で無媒介で全人格的な対面」（同上：182）になるという。宗教現象に関して言えば、コムニタスが現出する「この種の運動の多くが、勢いの盛んな初期の段階で、部族の区分や民族的差別をすぱっと切り捨てることは注目すべきである」（同上：152）。つまり自他の境界を有するコミュニティがある状況においては開放系としてのコムニタスへと変成し、他者との新たな関係が生成する余地が生まれる。ただし「実際にはもちろん、その勢いはまもなく枯渇し、〝運動〟それ自身も、ほかの諸制度のあいだのひとつの制度……になってしまう」（同上、中略は引用者）。コムニタスという状態は永続することなく、自他を境界づけるコミュニティ

へと戻ってしまうというのである。

　ターナーのコムニタス概念は、集団の動的な側面や他者との新たな関係が生じる余地を示したものの、結局のところコミュニティ概念を前提としてもいる。本稿の文脈に置き直して言えば次のようになろう。ある状況においてエスニック宗教コミュニティとエスニック宗教文化との結合が一時的に崩れ、コミュニティ外部の人々が当該宗教文化に触れる瞬間が生じる。それによってコミュニティの在り方や成員も変容する。しかし、たとえそうであったとしても、最終的にはエスニック宗教コミュニティとエスニック宗教文化とが強固に結びつく相に戻ることになる。

　先にエスニック集団について触れたのと同様に、個々人をそれぞれ独立した主体として考えるのであれば、コムニタス的な側面は状況に応じてつねに発現する可能性がある。また、ある宗教文化のドグマを信奉する信者個々人が当該宗教文化を変成する力は必ずしも強くないかもしれないが、その宗教文化を中核において担っているはずの宗教者自身、あるいは宗教文化の意味を問い続ける熱心な信者たちであれば、かえってそのドグマを客体化し、あるいは超越して変容させる余地があると考えることもできる。人類学者の岩田（1979、1989など）は、天理教の中山みき、天照皇大神宮教の北村サヨといった諸宗教の開祖を取り上げた。岩田がこれらのシャーマンを重視したのは排他的な宗教文化の姿を描くためでは決してなく、「自分からの自由」を考察するためであった。

　ここで岩田の議論を見ておこう。岩田は宗教現象を「宗教」と「宗教文化」という2つの相に大別する。岩田の言う「宗教」を一般的な用語でのそれと区分するために、ここでは「宗教的なるもの」（山口 2011）と呼んでおく。本稿では明確なドグマや方向性、定型的な実践、組織化された信者集団を有する宗教現象について宗教文化という言葉を使っているが、これも岩田にならったものである。こうした宗教文化の起源や実践の一部には宗教的なるものがある。あらゆる宗教文化の原初的形態は、自然の中に超越的な力を感じて畏怖の念を覚える人々全体に対して、あるいは他に救済の手だてを得ることのできない人々全体に対して、何らかの考えや救いを差しのべるものであったはずである。そうした状態から特定の教義体系が志向され、特定の成員からなる社会集団が形成されることによって排他的な宗教文化が確立され

ていく(山口 2011)。宗教文化に基づく強固な社会集団としてのコミュニティに対し、宗教的なるものの在り方とは、個々人がそれぞれの心情によって結び合うコムニタス的な状態を意味するはずである。岩田は、個人に焦点を当てることで宗教文化の本質主義的理解を避けながら、宗教的なるものを探求しているように思われる。しかも個々人もまた開かれ、変容する存在として描かれる。こうした点でターナーと岩田には相違がある。

　以下で取り上げる諸事例が宗教的なるものと宗教文化、コムニタスとコミュニティのいずれかに分類されるなどと言いたい訳ではない。事象の実際においては対概念の双方の性質が重層的に、あるいは部分的に確認されるはずである。たとえば、日本の宗教文化によってはもはや救われないという極限的な状態にある日本人が朝鮮寺に頼ることがある。宗教的なるものが発現することで、それまで縁のなかったエスニック宗教文化に接触し、帰依する機会が生じるのである。コリアン宗教者が日本の宗教文化や宗教施設に接触するという場合にも、そこにおいてある種の宗教的なるものが発現しているはずである。ただし、異なる宗教文化間での許容や越境がつねに生じる訳ではない。後述するように、修験道の行場において朝鮮半島に由来する宗教文化を排他的に実践しようとしたコリアン宗教者が、反対に日本人宗教者から排除されるといった事例も確認されるからである。特定の宗教文化が排他的なかたちで発現するときには、それに直面する他の宗教文化もまた対抗的な相で発現する。その双方は排除の関係となる。言い換えれば、異なる宗教文化が共存したり、その間を往来する人々が登場する場合には、共有された状況をもたらす宗教的なるものが垣間見えるかもしれない。

　以下で見ていくのは宗教文化／宗教的なるもの、コミュニティ／コムニタス、あるいは排除／包摂という対概念の間で揺れ動いてきたように思われる、コリアン・エスニック宗教文化の周辺で確認されるいくつかの事例である。議論よりも事例紹介が中心となる。それらの事例では、いわゆる成立宗教に準じて活動している寺院でも民俗宗教的な側面を有するなど、成立宗教／民俗宗教という対概念の境界もまたしばしば曖昧である。

　さて、次の3節で取り上げるのは在日コリアン宗教者である劉日海氏と、同氏が神戸市内で建立した法徳寺である。日蓮宗の総本山である身延山久遠寺において「韓国籍の求法者は、劉日海を以て始とする」(劉 1971 : 118) と

認められた劉氏は法徳寺を開き、コリアンと日本人の信者を得ていた。法徳寺では日本の宗教界と密接に関わりつつ、朝鮮半島の文化やコリアンとの関係も重視されていたのである。

続く4節ではコリアン宗教者と関わりを持ってきた日本の寺社、つまり日本の宗教施設から見たエスニック宗教文化の姿に触れてみたい。ここでは熊野若王子神社（京都市）と風師山不動明王院（北九州市）という二つの寺社におけるコリアン宗教者との関わりを確認しよう。

いま一つ、朝鮮寺と呼ばれてきた宗教施設は、在日コリアンの世代が変わりつつあることによって衰退してきたと言われている。では、朝鮮寺は今後どのようになっていくのであろうか。日本の社会の中に消え去っていくのか、それとも他の形態に変化したり、現行の宗教文化を維持する方向に進むのであろうか。5節では兵庫県宝塚市にある宝教寺と山修学宝秀院という二つの宗教施設を取り上げる。

3　神戸市の「日韓親善の寺」、法徳寺

3-1　神戸市の法徳寺

　生駒山系や兵庫県宝塚市にある朝鮮寺については『生駒の神々』などの先行研究によって幅広く知ることができるようになった。しかし、たとえば神戸市内に関しては、灘区の青龍寺（飯田 2002）や長田区の天龍寺（宮下 2012）など少数の寺院が取り上げられているに過ぎない。

　青龍寺については飯田（2002）が1996年に調査をおこなっている。1975年にこの寺に入ったという巫者の呂貴分氏によれば「ここは私が来る前も韓寺だったが、誰がいたかわからない」（同上：201）。青龍寺は2016年現在でも呂氏とその娘、孫娘という三代で維持されている。寺としては真言宗に属しており、高野山で修行しながら、依頼に応じてクッをおこなっている。青龍寺は青谷川に面しており（図1）、境内の奥には写真1のような滝がある。

　青龍寺の近傍では1960年に奉納されたという石碑が確認される（写真2）。詳細は不明だが、ここに「地蔵菩薩堂」という施設があったのであろう。石碑に刻まれた4人のうち「金連壽」氏は以下で重要となる。

　本節で取り上げる法徳寺（図1）は日蓮宗系寺院であり、クッはなされて

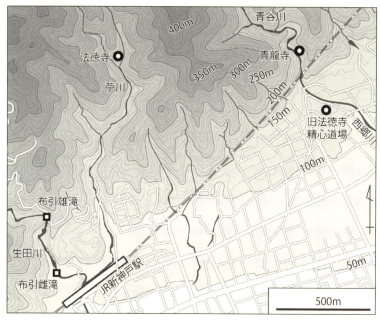

図1　法徳寺と青龍寺（神戸市）

写真1　青龍寺の境内にある青谷川の滝（2016年筆者撮影）

写真2　青龍寺近傍の石碑（2016年筆者撮影）

いない。また法徳寺を創立した劉日海氏は韓国籍であったが、戦前には日本人の養子であったという経歴を持っている。信者は在日コリアンと日本人が半々であったという。朝鮮半島と日本、さらにはアジアを広く視野におさめた興味深い宗教活動がなされてきたのである。

　劉氏は『風雪の嶮路』（劉 1971）、『玄海の橋』（劉 1976）という2冊の半生記を残している。この2冊の内容とともに、劉氏の長男である藏是斉氏（住職）、次男である二代目劉日海氏（貫主）からの聞き取り調査結果を交えて、劉氏の人生と法徳寺について記してみたい。

3-2　劉日海氏の人生と法徳寺の創建

　劉日海氏は1920年に全羅南道霊光邑で生まれた。父親は抗日運動の指導的立場にあったが、ついには日本軍に拘束されてしまった。その際に橋本常寿郎という日本人と出会っている。橋本氏は軍人として朝鮮半島に渡り、除隊後には農園の経営にたずさわるなどしていた。両者は互いに尊敬しつつ強い友情を育むことになる。劉氏が生まれる直前のこと、橋本氏はその子を養子として迎えたいと劉氏の父親に申し出て、認められた。「こうして私は、純然たる劉家の血統でありながら、胎児のうちに越境して、橋本家の者となっていたのである」（劉 1976：136）。劉氏は1932年に山口県に渡り、橋本勝広としての生活が始まる。養父である橋本氏は劉氏を非常に大切にしていたが、1937年に逝去してしまう。橋本氏の末弟に引き取られてからは暴力を含む差別的な扱いを経験するようになり、翌38年には関門海峡にて入水自殺を図ったものの船員に救出された。その影響で劉氏は船員を目指すようになり、神戸商船学校予科の短期入学制度を利用して二等航海士の資格を得る。第二次世界大戦中には貨物船の乗組員として日本軍の輸送船団に加わり、乗船した貨物船を何度も撃沈されて死線をさまよったものの、ついに終戦まで生き延びることができた。劉氏はこのような経験に関して次のように記している。「私の身のうえにとり、きわめて大事なそれこそ生死に関する出来ごとの起る、前日あたり、ふしぎにも夢の間に故国の父親の姿が現われては、慈愛あふれるまなざしで私に向い、必ず次に起る異変を示唆して消えるのであった」（劉 1971：23、以下の劉氏関連の引用は同書による）。こうした経験は後に劉氏の霊的な力を示すものと見なされるようになるが、「この頃までは、ま

だそれほど深い宗教的な観念が、私にはまだ萌していなかった」(26)。
　戦後には神戸市において劉姓を名乗るようになり、韓国籍をもって生き抜いていく。ヤミ市での握り飯屋、食肉店、さらにはインスタントラーメンの製造を手がけた「日本食品」という企業を起こすなど、次々に事業を拡大していった。さらに、戦時中にめぐり逢った妻が奄美大島出身者であった関連から、カリウムを多く含む加里(かり)肥料を奄美方面で大量に得られるという情報を得た。巨額の資金を投じて開発を企てたものの、その事業に失敗して財を失い、土建会社の現場に入るようになった。その頃から酒量が増え、妻に厳しく接するようになる。それによって妻が子供を連れて失踪してしまったため、劉氏は大いに反省したという。また、長男の藏氏が小学生だった時に生死をさまよう大けがを負ったこともあったし、戦時中に多くの仲間が戦死したことも忘れようがなかった。こうした結果、「私の胸中になにかしら自分を含めて、非力な人間を超越する大いなるものを求めて、精神的な何かをつかみたい思いがしきりに湧くのをおぼえるようになった」(84)。高野山に参詣するなど宗教活動を続ける中で神戸市在住の日蓮宗の宗教者と知り合い、同市灘区にある弁天滝で修行をおこなうようになる。妻子が戻ってからも様々な修行活動を継続し、山梨県の日蓮宗久遠寺における修行を経て、ついに得度して僧侶となる。
　劉氏は、事業に失敗した際に「夜逃げではなかったが、夜逃げ同然でまず中島通(中央区)に行き、さらに青谷(灘区)に移った」。この青谷地区の民家において「法徳寺精心道場(法務所)」を開いた(図1)。写真3は1962年に信者とともに摩耶山へ登坂した時のものである。チマチョゴリを身につけている女性はおそらく北朝鮮籍の信者であり、韓国籍の信者の多くは日本で一般的に使われていた服装であった。この写真に写っている信者の多くはコリアンのようだが、日本人の信者も多かったという。また、金山氏という熱心な信者を得て、新たな道場のために鷹取山(兵庫区)の近くの土地を寄進するとの申し出を受けたこともあった。
　その後、実際に青谷から施設を移すことになったものの、新たな寺院を構えたのは現在のJR新神戸駅の北に当たる苧(お)川上流部(中央区)であった(図1)。先に見た金連壽氏がここで登場する。1963年のことである。

第5章　在日コリアン宗教者と宗教的なるもの

写真3　法徳寺における摩耶山登山行事
（1962年：法徳寺所蔵の写真を許可を得て筆者撮影）

　かねていろいろと私のため配慮してくれる近くの金蓮寿老人が見えて、ここに奇篤な僧侶のはなしをした。その名を足立慈教上人といい、すでに故人となったが、布引の芋川谷というところで由緒ある古刹のあとを守り、晩年までその維持に心血をそそいだと、老人は感慨深げに語ってくれる（101）。

　詳細は不明だが、劉氏と金氏は青谷付近での宗教活動を通じて知り合ったのであろう。聞き取りによれば、金氏は焼肉店を経営していた女性であり、日本語が流暢で信仰心が非常に強かった。その金氏は、現在の法徳寺の境内にかつてあった妙見寺（妙見宗）の足立氏とも知り合いであった。金氏の宗教活動をめぐるネットワークはコリアン内部や特定の宗派にとどまるものではなかったのである。金氏は足立氏の一周忌法要の際に劉氏をともなって妙見寺を訪れている。その際に劉氏たちは故人となった足立上人の声を聞いたという。

　「劉日海よ、ここに来て住みわが跡を継ぎ寺を護れ。必ず劉日海は由緒ある聖地に来れよ」私一人の耳にでなく、一座の者も聞いている。……

109

私はやがて身心の落ちつきを待って、これは大変なところに来た、生まれてはじめての不思議な現象にとりつかれたかとじつはうす気味わるくなり、金蓮寿老人をうながして、そうそうに山を降りることにした（105-106、補足および中略は引用者）。

　これ以降では妙見寺や足立上人のことをしばらく忘れていたが、劉氏自身や家族が健康を害するなどの問題が頻発するようになる。それらの問題が生じるのは足立上人に対する不義理によるものだと感じた劉氏は、1964年、妙見寺を継いでここを法徳寺とする決意を固めた。このときには「私が韓国籍にあることと、また疑い深い者からすれば、一体何の目論見があって、物好きにもこの山奥の荒れ寺に来るのか、何かほかに企みがあるのではないか」といった「世間の中傷や妨害」もあった (112)。そうした問題に耐えながら足立家との間で権利関係の処理を済ませ、ようやく法徳寺を苧川谷に移すことができたのであった。

　どこからどう伝わるものか、二ヶ月三ヶ月するうち、苧川谷をのぼって、新ら【ママ】しく参詣する信者も出て来た。……その人たちは韓国籍が多かったが、もとより日本人もあった。きまったように参詣者たちは、形ばかりのお堂で私と語り合い、本尊に詣で、供え物を捧げては、さらにうちあけた身の上話に移るのであった（139、中略は引用者）。

　劉氏は霊感が強く、人々の問題に適切な答えを示すことができた。また法徳寺の境内から湧いていた「阿伽井の水」と呼ばれる霊水でも知られていた。「地元の神戸だけではなく、いつのまにか大阪や、京都、遠いところは東京あたりまで、神霊山法徳寺の名も人々の口から口へ伝えられるようになった」(140)。神霊山は法徳寺一帯を指す地名であり、同時に、後に日蓮宗から独立した宗教法人格を取得した際の山号としても使われた。
　このように劉氏は苧川谷に法徳寺を持つようになったが、1967年の「7月豪雨」によって神戸市各所で山津波が生じ（朝日新聞 1967.7.10 など）、法徳寺の境内も完全に破壊されて以前よりも広大な空地ができてしまった。この時には京都市の信者で事業家であった金氏、李氏という2人の信者を中心に多

額の寄付が寄せられ、現在見られる社殿が建設された（写真4）。トラックが通行できる道路が未整備だったため、人力で多くの資材を運び上げたほか、大きな資材は大型ヘリコプターをチャーターして運送された（写真5）。翌68年に落慶式が執りおこなわれた。

写真4　法徳寺の社殿（2016年筆者撮影）

劉氏は1970年に韓国で開催された世界仏教指導者会議に招待されるなどの宗教活動を通じて韓国との関係を重視するようになっていく。また、神戸市に居住するコリアンたちとの関係の中で韓国への望郷の念を強め、晩年には頻繁に韓国を訪問するようになっていた。子供の頃に話していた朝鮮語を改めて使うこ

写真5　法徳寺再建時の資材運送（1967年：法徳寺所蔵の写真を許可を得て筆者撮影）

ともあった。次の記述からは在日コリアン信者を大切する姿勢が読み取れる。「月に一回は信者の男女大衆がうち集って、法儀のあと仏前で、韓国の鼓を叩き、楽器を奏して、祖国の歌につれて舞い、心を一つにして楽しみ和すことになっている」(233)。法徳寺には朝鮮寺に類似する側面があったことが理解される。

他方では法徳寺を「日本唯一の日韓親善の寺」(164)と呼んだように、劉氏は日本での生活や日韓双方の良好な関係を重視した。劉氏本人は終戦直後から韓国籍で生きてきたものの、在日コリアンが現住地である日本で活躍するためには帰化することも重要だと考えていたという。劉氏の妻は日本人であり、2人の息子については長男を日本籍、次男を韓国籍にした。

法徳寺が復興された1968年には法徳会という信者集団も形成されている。

「その本旨は、一口に言って仏教を基盤とする、真の日韓友好親善の実を、法徳寺を中心としてあげるにある」(238)。翌69年には会員200名による身延山久遠寺への祖廟参拝旅行がおこなわれ、「韓国四千年に及ぶ儂楽の演奏と、花を飾った舞踊」(242) が奉納された。

　法徳会の会員数は1970年頃にはおよそ5,000人に達していた。同寺の信者集団はその後も拡大し、24冊にまで増えた名簿に記載されている信者世帯数はおよそ4,700であるため、人数に直せば1万数千人になる。聞き取りによれば信者はコリアンと日本人とが半々である。日本国内では沖縄県を除く46都道府県に信者がおり、神戸、大阪、京都といった近隣府県が特に多かった。神戸市では中央・長田・兵庫・須磨区、大阪市では生野区などの信者が目立ったという。

　人生の半ばで宗教者となり、神戸市に法徳寺を構えて多くの信者を得た劉氏は、波乱に満ちた人生を1995年に終えた。その訃報は新聞でも報じられている（朝日新聞1995.3.23兵庫版）。

3-3　法徳寺における信者・宗教文化とその周辺

　劉氏は宗教活動を滝行から始め、各地の寺院をめぐり、多数の経典を学んだうえで法華経に行き着いた。法徳寺では四柱推命による人生相談がおこなわれ、境内では李氏朝鮮時代の仏像なども確認されるが、同寺は基本的には日蓮宗系の仏教寺院である。劉氏自身の宗教観は次の文章にはっきり示されている。

　　いかなる宗教にも普遍性はあるのだから、その点においては、大同団結も可能であろう。だが宗教の真の価値はそんなところにあるのではなくもっともっと奥深く、その宗教なり、その宗団がもつ、絶対性としての独自の信仰なるものがある筈である (284)。

　すなわち、自らの信仰する日蓮宗や法華経という宗教文化の絶対性を重視していたのである。そのため、クッのようなシャーマニズム的儀礼は認めがたいものであった。

日本には六十万といわれる在日韓国人があり、その寺院も無数といってよいほど多い。ところがこれらはすべて巫女牆的なものといってよく、本来の仏教とは無関係な、迷信的な行為で世人をまどわすものばかりと断言して憚らないものである。私はそれらを排し、敢然として二十年近くも法華経に深く帰依する……（234、後略は引用者）。

しかし次のような話もある。法徳寺の境内の奥には小さな滝があり、他の宗教者が儀礼のために用いることがあったが、それを排除することはなかった。劉氏は「そういう宗教者にとっては生きるためには仕方がない」と話していたという。

「胎児のうちに越境して」いた劉氏は、人生の中で様々な境界を越境し続けていく。藏氏と二代目劉氏は父親である劉氏について次のように話してくれた。「日蓮宗系の仏僧ではあったが、もともと霊感が強く霊界とのつながりを持つことができた。そのため様々な宗教や儀礼について学ぶとともに、一つの形にこだわらずに活動してきた」。日蓮宗という宗教文化を重視しつつも、異なる宗教文化を同時に肯定できる宗教活動があり得たということである。それが可能であったのはなぜか。劉日海氏は在日コリアンであったものの日本人の養子として生活した経験があり、戦時下では多くの日本人と生死を共にするなど、一般的な在日コリアンとは多くの点で異なっていたからであろうか。もっとも、先に見た金連壽氏のように、コリアンと日本人とが宗教活動を通じて知り合い、様々な宗教文化が接触し、場合によってはそれらの重層が許容されることはさして珍しくなかった可能性もある。それは次の4節でも確認できる。次節では日本人が運営する二つの宗教施設を取り上げる。それらの寺社はコリアン宗教者が利用したり、何らかの関係を有しているのである。

4　日本の宗教施設とコリアン宗教者

4-1　熊野若王子神社とコリアン宗教者

熊野若王子神社は京都市左京区の東山のふもとにある。多くの観光客が訪れる南禅寺の北、哲学の道の南端に位置するこの神社は広く知られていよう。

同社の由緒は古く、1160（永暦元）年に後白河法皇が紀伊国の熊野権現を勧請して創建し、室町幕府からも重視された。応仁・文明の乱で焼失したものの、豊臣秀吉が再興した（京都府歴史遺産研究会編 2011：27）。同社の奥には那智の滝になぞらえられた千手滝と呼ばれる水の流れがある。

　創建からすでに850年を経ている同社は日本の宗教施設だと見なされ得るであろう。しかしながら同社は、第二次世界大戦後のかなり早い時期からコリアン宗教者とも関わりを持ってきた。ここでは宮司の伊藤快忠氏から得られた話と、境内に見られる様々な文物に刻まれたコリアンの足跡から、同社とコリアン宗教者の関係を見ていこう。

　さて、社殿のある同社の中心地から東に歩いて行くとコンクリート製の急勾配の階段があり、その上には千手滝を祀るための滝宮神社などの祠(ほこら)が置かれている。コンクリートで舗装された山道はさらに続く。道中左手に2棟の堂宇(どうう)があるのを横目で見つつ2つの鳥居をくぐって今少し歩いていくと、最後には不動明王像やいくつかの燭台などが置かれ、「滝」と呼ばれる水の流れがある。これが千手滝であり、そこで行き止まりとなる。ここは昔から日本人の宗教者によって利用されてきた行場であり、現在でも修行に来る人は珍しくない。

　さて、このように歩いてきたとき、実はそこかしこにコリアンの足跡が刻まれている。滝まで通じる山道を整備したのはコリアンであり、「千手不動明王こもり堂」とも呼ばれた堂宇を主に利用してきたのもコリアンである。滝への山道をコンクリート舗装したのは「昭和7年か8年生まれの星田さんという韓国籍の方で、昭和30年代のことだった」。行場としての千手滝もコリアン宗教者が儀礼で用いている。2015年現在でもコリアン宗教者はだいたい10日に1回程度はやって来る。そうした宗教者は複数おり、京都周辺だけでなく大阪からやって来る人もいる。こもり堂については「（昭和）三十九年に信者の人たちが勤労奉仕で建築したもので、滝にうたれる人が着がえなどに使うところ」（夕刊京都 1971.1.2）であった。現在の堂宇は再建されたものだが、以前のものはコリアンの信者たちが1964年に建設したのであった。

　コリアン宗教者は戦後すぐから来るようになった。コリアンは京都にも結構住んでいて、信心深い人が多いという。やはり宮司であった伊藤氏の父親

第5章 在日コリアン宗教者と宗教的なるもの

（快則氏）の代からコリアンの宗教家が神社を訪れるようになっていた。コリアンにとって戦前や戦中には宗教活動は難しかったであろうと伊藤氏は話す。

昭和30年代に複数のコリアンがこの行場を訪問していたことは、千手滝に向かう参道のコンクリート舗装やこもり堂以外にもいくつかの文物から理解される。ある石碑は全龍澤という人物が1963年に建立しており、同年には呉燦根という人物によって香炉台が設置された。

写真6　熊野若王子神社の千手滝に掲げられた看板（2013年頃から看板が見当たらなくなったが、同社が撤去した訳ではないという。2011年筆者撮影）

1980年代にもコリアンが納めた文物がいくつかある。1983年に奉納された二つの燭台の一方には姜と李、他方には朴という名が記されている。二つの鳥居も同様である。白い鳥居は島山氏というコリアンが1988年に奉納したものである。同氏は滋賀県で金属関係の製造業を営んでいたという。同じ1988年には「千手滝不動尊」と記した扁額を掲げた鳥居も建立されており、水田、金、李、孫、孫という5名の名が刻まれている。

コリアン宗教者との関係は千手滝付近に設置されたハングルの看板によってさらに明確になる（写真6）。その看板には、儀礼をする場合には社務所に連絡し、必ず後始末や清掃をおこなうようにと記されている。

伊藤氏によれば、千手滝で儀礼をおこなう際に供え物を放置するコリアン宗教者がいた。特に1990年頃のこと、儀礼の際に供えたブタの顔を放置して帰った時に騒ぎが起こった。ブタの頭を人の首と勘違いした参拝者がいて、社務所に問い合わせることなく警察に直接通報してしまったのである。そこで事後には「儀礼で使ったものを持ち帰るように」とのハングルの看板を作成して滝の近くに掲げることにし、ハングルが分かる人にその作成を依頼したのだという。

コリアン宗教者が関連するトラブルは他にもあった。1964年に建設されたこもり堂が1971年1月1日に全焼したのである。この時の火災では消防車12台が出動している。それはコリアンの信者が「不動明王など仏像三体

にロウソクをそなえており、このロウソクの火が燃えうつったものと」（京都新聞 1971.1.3）みられている。伊藤氏によれば、「韓国の人はロウソクをたらしてそのまま台上に立てるので、それが原因でこれまでに2度失火している」という。実は1971年の火災以外にも失火事故があったものの、その時には幸いにもボヤで済んだのであった。

　もっとも、こうしたトラブルはあっても、同社ではコリアン宗教者の儀礼を禁止したことはない。1971年に全焼したこもり堂は後に再建され、2016年現在では昭和10年頃の生まれの「拝み屋」のコリアン宗教者に月極で貸している。火災保険に入るなどの手間がかかっている上に老朽化してきたということで伊藤氏自身は取り壊しを考えているものの、その宗教者からは維持するよう依頼されている。

　熊野若王子神社とコリアン宗教者との関係は必ずしも一般的なものではない。伊藤氏によれば同社の近隣にある寺社ではコリアン宗教者への対応が異なるという。かつては南禅寺の奥にある行場の駒ヶ滝にもコリアン宗教者が来ていたが、鳴り物による騒音があり、一度その場所を使い出すと「自分の場所だ」と言って他者を閉め出してしまうようなことがあるので、反対に、南禅寺の行場ではコリアン宗教者の利用が禁止されてしまった。狸谷山不動院（京都市左京区）でも、コリアン宗教者が儀礼の際にいろいろ持ち込むことを問題視して行場の利用を認めていないという。言い換えれば、コリアン宗教者は多くの宗教施設と関わりながら、良好な関係を築くこともあれば排除されることもあったのである。熊野若王子神社ではコリアン宗教者たちが千手滝周辺の整備を率先しておこなっており、神社の中心を占める社殿の再建（1979年）の際にも相応の寄付をするなど、神社側にも益はあった。それでも、在日コリアンの宗教者や信者たちの強い信仰心を伊藤家の人々が理解してきたこともまた重要だったはずである。

4-2 風師不動明王院に集うコリアン宗教者

　北九州市門司区にあるJR門司港駅の南には風師山などの山々が連なっている。真言宗に属する風師不動明王院はその山あいに位置する（図2）。同院が創建されたのは1932年ということで比較的新しい。しかし熊野若王子神社と同様に、ここには小さいながらも水行場があり、修行や儀礼のためにそ

第5章　在日コリアン宗教者と宗教的なるもの

図2　風師不動明王院（北九州市）

の行場を利用するコリアン宗教者もいた。同院を守る久礼（久禮）家の人々からの聞き取り調査結果を中心にまとめたい。

　JR門司港駅方面から急な坂道を登っていくと清滝貴布祢神社と清滝公園があり、その名の通り滝がある。さらに山道を登ると風師不動明王院がある。その由緒は境内に置かれた石碑に刻まれている。1931年のこと、久礼藤吉氏らが清滝公園付近の土木整備作業をおこなっていた際に「老松ノ株ノ根元ニ古色蒼然タル壺一ケ現レ」、その中から「金色燦ト輝ク不動明王」を発見し、警察に届けた。その不動明王像は翌32年に門司市長らから久礼家に下賜され、それを機に風師不動明王院が創建されることになった。久礼家は土木建設業を営んでいたため、当初は天台宗の宗教者に行事を依頼した。その後、久礼藤吉氏が仏門に帰依し、同院が真言宗の寺となってからは、久礼家の人々が代々その運営に当たるようになる。同院の由緒それ自体もこのように興味深いものである。

　信者については、コリアンも含めて8月12日に実施している施餓鬼の法

写真7　風師不動明王院境内の仏像（2015年筆者撮影）

会にやって来る。あるいは年に数回参詣に来ることもある。北九州市や対岸の山口県下関市には在日コリアンが多く、日本人と同じようにやって来るという。しかし世代が変わると来なくなってしまうケースもある。

　1980年頃までは、下関市唐戸に自身の寺を持っていた青山氏（金氏）という宗教者が風師不動明王院の護摩堂を借りて、1カ月単位で住み込んで修行していたこともあった。七輪を護摩堂に持ち込んで自炊していたという。この青山氏はすでに逝去している。

　風師不動明王院の境内にはいささか風変わりな仏像群が安置されている（写真7）。やはり1980年代のこと、上述した青山氏などとは別のコリアン宗教者が「ここに安置させて欲しい」と言って持ってきたのがこの仏像群であり、「今後も手入れに来る」と言うのでそれは認めた。しかしその後は一度も来ていない。形が崩れないうちは仏像をそのまま祀っておくという。

　このように、複数のコリアン宗教者や信者が風師不動明王院を訪れ、良好な、あるいはコリアンか日本人かということが特に意識されないかたちでの関係が築かれてきた。時には突然の来訪によって仏像群を置いて帰ったコリアン宗教者もいたが、それもまた特に問題視されていない。ただし次の話は例外となる。2010年頃まで、儀礼のために境内を使わせて欲しいということでやって来ていたコリアンの「拝み屋」がいた。しかしその儀礼の費用が高額だったようであり、その費用を払い切れなかった信者が自殺したり、同

院が高い費用を取っているのだろうと言いがかりをつけられたことがあった。そのため、現在では「拝み屋」の儀礼は断っている。もっとも、この件についてはコリアンであることを理由に排除された訳ではなかった。問題が生じるまではこの宗教者に境内を貸していたのであり、トラブルが生じたことでやむなく閉め出すという選択がなされたのである。

　この節では熊野若王子神社、風師不動明王院という日本人宗教者が運営する宗教施設とコリアン宗教者との関係を見てきた。両者ともに朝鮮寺ではもちろんないが、それに類する要素を持ち込むことが許容されてきた。こうした例は珍しいものであろうか。なお、この二つの事例は、都市部にほど近い谷筋をいくつか歩いている中で偶然知ったものである。言い換えれば、こうした話はまだまだ見つかる可能性がある。

5　朝鮮寺の変容

　エスニック宗教文化を志向する朝鮮寺が日本の社会の中でどのように変化していくかを理解することも興味深い話となる。ここでは兵庫県宝塚市の二つの朝鮮寺の変容を見てみたい。一つは宝教寺であり、いま一つは金峯寺という朝鮮寺の跡地に開かれた山修学宝秀院である（図3）。宝教寺と金峯寺については拙稿（山口 2011）を参照されたい。

5-1　宝教寺のその後

　宝教寺の開祖であった李小善氏は強い霊能力を有する巫者であり、最明寺滝での修行を続ける中で同寺を建立した。李氏は宝教寺で数多くの信者を獲得し、弟子を育てた。後に独立して金峯寺を建立した黄判任氏、李氏の後継者となった日本人の関川清子氏などである。1984年に李氏が逝去してからは関川氏が同寺の中心となって活動してきた。それに平行して李氏の息子である崔聖旭氏が韓国に赴き、釜山出身で曹渓宗海印寺で得度した金元澤氏を住職として迎えようとした。結果的にその時点で金氏が宝教寺の住職になることはなかったものの、日本に定住するようになった金氏とはそれ以降も良好な関係を築いてきた。金氏は京都にある高麗寺、大阪にある普賢寺で住職を務めてから大阪府東部に寺を持つようになり、90人ほどの信者がいた

図3　宝教寺と山修学宝秀院（宝塚市）

という。なお、韓国と日本を行き来して活動をおこなっていた文法正氏など、宝教寺に関わってきた宗教者は関川氏や金氏以外にも何人かいた。

　2010年代になると、宗教者ではないものの、崔聖旭氏の妻として宝教寺を支えてきた安粉南氏が体調を崩すことが多くなった。その際には文法正氏がこの寺を相続する権利を主張したとされるが、開祖の教えを守りながら宝教寺で活動してきた関川氏などにとってその主張は認められるものではなかった。文氏はその後ソウルに新たな寺を作って活動しており、日本にはいない可能性が高いという。

　安氏とその家族、関川氏、金氏などが集まって宝教寺をどのようにするかを話し合った結果、同寺の所有者を安氏から金氏に移すことが決まった。金氏を住職として迎えようとしていた崔氏の考えがようやく実現したのである。2014年7月にはそのことを地主に伝え、名義変更をおこなった。金氏

は住職として宝教寺に住むようになった。また毎週木、土、日曜日にはそれ以前から続けられているように関川氏が来訪して「悩み事相談」がおこなわれている。すなわち、金氏と関川氏という2人の宗教者が協力し合って宝教寺を支えているということである。金氏はまた、宝教寺について韓国政府から「布教堂」としての認定を得たいと考えている。そうした布教活動には朝鮮語の教室を開催するようなことも含まれており、一部の活動はすでに開始されている。

　このように宝教寺では韓国人の金氏とともに日本人の関川氏が後継者として活動している。また前稿でも記したように、同寺の信者の多くは日本人である（山口 2011）。ただし、ここで見られる宗教文化は朝鮮半島を志向したものである。関川氏は師である李小善氏の教えを大切にしている。さらに金氏が住職となってからは、それ以前には見られなかった儀礼用の飾りつけがなされるようになった。つまり朝鮮半島に由来するエスニック宗教文化がなおも重視されているのであり、韓国政府公認の「布教堂」を目指すこともその一環である。また、これは朝鮮半島由来の事象とは言えないが、金氏は行事があるたびに横断幕を用意するようになった（写真8）。横断幕を作成すると日本では5万円ほどかかるので、故郷の釜山まで行って1万円ほどで作成してもらうという。宝教寺は今後ともコリアンと日本人の双方を対象に、エ

写真8　宝教寺における横断幕（2016年筆者撮影）

スニック宗教文化に基づく活動を日本社会の中で続けていくことであろう。

5-2　金峯寺から山修学宝秀院へ

　李小善氏の高弟であった黄判任氏は 1978 年頃に独立して金峯寺を建立した。その金峯寺は、コリアンの住職が運営していた大覚院という仏教寺院の境内に建てられ、金峯寺と大覚院の二つの堂宇は並び立っていた（図3）。黄氏は 1986 年に逝去しており、その後は宗教者ではない子供たちの手で管理されてきた。2010 年代に金峯寺と大覚院の跡地を入手した藤本誠秀氏はここに天台宗系の山修学宝秀院を開いた。

　神戸市出身である藤本氏によれば、母方の家系は信仰心が強く、特に在日コリアン一世であった祖母の霊感が強かった。また藤本氏が中学生だった頃には日本人の父親が寺で修行したこともあった。しかし両親ともに商売人であり、宗教とは基本的に関係がなかった。

　藤本氏自身は霊感が強く、小さい時には「見えたり感じたりしていた」。青年期にはそうしたことは忘れていたが、二十代になっていろいろな問題に直面する中で滝行などを始め、阪神淡路大震災の頃に霊的な感覚が戻った。最初は修行について教えてくれる人がいなかったが、天台宗系の住職で修験道に通じていた師と出会った。最初は師の元に通って手伝いをしていただけであったが、最初にホラ貝を吹いた時に吹くことができ、その音色を聞いた師から「ホラ貝を離してはいけない」と言われた。神戸市北区の丹生山に「山の道場」があり、そこに滝の行場と 1948 年に作られた小屋がある。他の宗教者から引き継いでその行場を管理している。

　2010 年前後のこと、山の道場では一般の人に不便だということで「里の道場」を開くことを考えていた。その際に友人の知人であった黄判任氏の息子と出会い、金峯寺を紹介された。しかし同寺は非常に荒れた状態だったので 1 週間待ってもらうことにした。その頃、良い場所に巡り会うようにと真名井神社（京都府宮津市）に三年参りをしていて、満願日を迎えようとしていた。夢の中で、真名井神社を訪問した同じ日のうちに比叡山に行き、護摩焚きをしてもらうようにとのお告げがあった。それで、この場所が良いということになった。

　ここがかつて朝鮮寺であったことについて、日韓関係の情勢変化を受け

て「韓国やで」と批判的に言う人もいるという。しかし藤本氏自身は韓国籍の身内がいたこともあり、それについては気にしておらず、むしろ縁があったと思っている。金峯寺や大覚院の宗教者に世話になったという人がたまにやってくる。付近の住民から、ここの住職が人格者だったと聞くこともある。

最明寺滝はこの付近に複数の朝鮮寺が集まった主因であったが、藤本氏は最明寺滝や近くの行場では修行しない。「水に霊がたまっていて、自分には合わない」。手を合わせることはできるものの、自分は他所者なので霊を慰めることはできないと藤本氏は言う。

法徳寺の例ではコリアン宗教者が日本人宗教者の寺を引き継いだ。山修学宝秀院では反対に、朝鮮寺の跡地を日本人が取得している。コリアン一世の祖母を介しての縁を感じてはいるものの、藤本氏自身は日本人宗教者として、あるいは1人の宗教者として金峯寺の地を継いだのであった。朝鮮寺としての継承ではないものの、朝鮮寺の継承をめぐる興味深い、しかし他所でも確認できる可能性のある事例だと思われる。

6　まとめにかえて

以上では法徳寺、熊野若王子神社、風師不動明王院、宝教寺、山修学宝秀院という5つの宗教施設を中心に、在日コリアンとそれらの施設や日本社会との関係の一端を見てきた。ここで取り上げたのは主にはコリアンと日本人とが相応に良好な関係を維持してきたという事例である。それらをもってただちに宗教的なるものの発現だと言うことはできないとしても、そうした側面もあるはずである。他方で排除をともなう事例があることも理解されたが、本稿では必ずしも明らかになっていない。

また、本稿で見てきたのは主には宗教者の話であり、一般の信者についてはほとんど触れていない。一般の在日コリアンからすれば、コリアン・エスニック宗教文化とはどのようなものであろうか。神戸市の青龍寺を訪問した際に、「この寺でおこなっているのは姜尚中がお母さんのことを書いた本に記したのと同じような儀礼です」との説明を受けた。姜（2010）は、熊本県に生きたコリアン一世の母が、下関市の巫者とともに朝鮮半島に由来する儀礼を家庭で実施していたことを記している。日本社会の一員として生きよう

としていた少年時代には疎ましく思われたそうした儀礼を、コリアンとしての自覚を持つようになった大学時代の姜は好ましいものとして想起するようになる。クッは朝鮮半島に由来する確固とした宗教文化として認識されている。

　コリアンであれ日本人であれ、おそらく一般の人々からすれば、クッや朝鮮寺はエスニック宗教文化の重要な要素として理解されてきたことであろう。しかし宗教文化の中心的な担い手とおぼしき宗教者や熱心な信者たちを見てみると、実際にはそうした人々こそが宗教文化を多少なりとも超越し、エスニック宗教文化の世界にコムニタス的側面をもたらしてきた可能性があることに気づかされる。

　ここでは結論を急ぐことはしない。現時点ではいくつかの事例の表層に触れただけである。この段階では、むしろ、エスニック宗教文化の周辺に、あるいは都市の周辺に、まだまだ興味深い事例が散見されるということが重要かもしれない。宗教社会学の会のメンバーたちは長期にわたって生駒山系を巡り歩き、発見を重ねた。しかし精査されていない都市部の山々はまだいくつも残されているはずである。そうした近郊の山々は21世紀の今日にあっても異界の要素を持ち、コリアンか日本人かといった差異が必ずしも重視されない空間である。本来であれば都市こそが社会圏の重層や文化の混淆を可能とする場であろうが、一種のアジールである山々が、都市が有すべきそうした場を静かに分け持っているのである。

〈付記〉本稿の作成に際して安粉南氏、関川清子氏、金元澤氏、劉日海氏、藏是斉氏、伊藤快忠氏、久礼家の皆様、藤本誠秀氏をはじめ多くの皆様からご協力を頂きました。本稿の内容の一部は2015年度第1回先端社会研究所定期研究会で発表し、ご意見を頂きました。皆様に感謝申し上げます。

［文献］
飯田剛史（2002）『在日コリアンの宗教と祭り──民族と宗教の社会学』世界思想社。
飯田剛史（2012）「今東光「山椒魚」にみる生駒・八尾の民俗宗教」宗教社会学の会編『聖地再訪　生駒の神々──変わりゆく大都市近郊の民俗宗教』創元社。

岩田慶治（1979）『カミの人類学——不思議の場所をめぐって』講談社。
岩田慶治（1989、初出 1984）『カミと神——アニミズム宇宙の旅』講談社。
姜尚中（2010）『母——オモニ』集英社。
京都府歴史遺産研究会編（2011）『京都府の歴史散歩　中』山川出版社。
こりあんコミュニティ研究会「「龍王宮」の記憶を記録するプロジェクト」藤井幸之助・本岡拓哉編（2011）『「龍王宮」の記憶を記録するために——済州島出身女性たちの祈りの場』こりあんコミュニティ研究会。
今東光（1958）『山椒魚』文藝春秋新社。
宗教社会学の会編（1985）「朝鮮寺——在日韓国・朝鮮人の巫俗と信仰」『生駒の神々——現代都市の民俗宗教』創元社。
宗教社会学の会編（2012）『聖地再訪　生駒の神々——変わりゆく大都市近郊の民俗宗教』創元社。
ターナー，ヴィクター、冨倉光雄訳（1996）『儀礼の過程　新装版』新思索社。
曺奎通（2014）「生駒・宝塚の巫俗を生業とする韓寺略記」『人権と部落問題』第 853 号。
デランティ，ジェラード，山之内靖・伊藤　茂訳（2006）『コミュニティ——グローバル化と社会理論の変容』NTT 出版。
宮下良子（2012）「在日コリアン寺院」宗教社会学の会編『聖地再訪　生駒の神々——変わりゆく大都市近郊の民俗宗教』創元社。
山口覚（2008）『出郷者たちの都市空間——パーソナル・ネットワークと同郷者集団』ミネルヴァ書房。
山口覚（2011）「往来する神々、越境する人々——宝塚市の朝鮮寺・宝教寺をめぐって」『市史研究紀要たからづか』第 25 号。
劉日海（1971）『風雪の嶮路——求法半世紀』神霊法徳会教務局（沢野高明）。
劉日海（1976）『玄海の橋——風雪の半生』法徳会。

第 6 章

在日済州人の渡日と親睦会研究
―― 「在日本済州島親睦会」の活動を中心に

李昌益

1 はじめに

　2015 年 12 月現在、日本に在留している韓国人の数は 491,177 人で、その中で済州出身者は 88,510 人を占めており、年を重ねるごとにその数は徐々に減っている。20 世紀に入り、貧困打破のために九州に海女(あま)として渡った済州女性をはじめ、1910 年代以後からは男女問わず労働市場を探して渡日し始めた。1920 年代の定期旅客船の君が代丸号の就航で本格的に多くの人々が渡日するようになる。日本の産米増殖計画によって農業が没落し、働き口を求める列が続き、大量運送手段である君が代丸号は彼らの渡日を助けた。朝鮮半島から労働者が押し寄せて日本は自国の労働者保護のために渡日の制限措置を取ったが、まじめな労働者として認められた済州出身者には、例外が適用され、その気になれば渡日できる機会が用意されていた。解放直後、多くの在日韓国人が故郷に帰って来たが、当時、済州島で発生したコレラと 4.3 事件などで、故郷に帰りたくても帰れない原因にもなった。

　本格的な渡日が始まって 100 年が過ぎた今も草創期の移住形態と動機とは少し異なるがその行列は続いている。いつもマイノリティーだった済州人が、渡日の目的である経済的な成功を成すためには日本社会での韓国人に対する差別、在日同胞社会での済州人に対する差別に勝って結束しなければならなかった。その結束力を堅固にする共同体がまさに親睦会である。小さくは村別、血縁別、学縁別で集まりを作り、大きくは済州島の出身者全体を対象

にした道単位の集まりができた。解放以前に大阪を中心に作られた共同体は、解放前後には東京で「在日高内里親睦会」が結成されて大阪でも西帰浦市法還洞出身者の集まりの「在日済法建親会」が作られ今まで続いている。また、「在日本白氏親睦会」と「在日光山金氏親族会」のような血縁中心の親睦会も長年その命脈を維持している。

　1960年代に入って道単位の共同体が作られ始めたが、商工人を中心に「〜協会」という雄大な名前で作られた親睦会の究極的な目標と理想は、支援による「故郷発展」であってその内面には深い故郷愛があった。済州島は彼らの聖地であり自尊心であった。東京では、済州開発協会を含めたいくつかの親睦団体が作られて、大阪では在日済州経済人協会、在日済州島民会、在日済州島親睦会、在日済州青年会が創立された。

　本稿では1960年代の済州の教育発展のためのオルガン寄贈、経済発展の原動力となった蜜柑苗木寄贈、中山間地の交通手段であるマイクロバスなどを寄贈した親睦団体の役割に注目して彼らの活動と在日済州人の社会的な役割などを中心に論述する。本稿では、内容の相当な部分が1960年代半ばに設立された「在日本済州島親睦会」の胎動から性格及び活動状況を、創立当時から重要な役目をして来た金容海さんとのインタビューと自筆メモ、親睦会の記録を土台にして論述することにする。

　いまや在日済州人社会は五世が生まれている歳月を経て、済州人としてのアイデンティティの弱体化、帰化などの社会的要因によって親睦会という共同体も解体されたか、解体の危機に瀕している。親睦会の研究を通じて過去と現在、未来の済州と在日済州人を再考し、共同体の役割が社会の発展と変化を促す大きな原動力になったことを明らかにしたい。

2　在日済州人の渡日と暮らしぶり

2-1　在日済州人の渡日と社会的状況

　1914年ヨーロッパでの第一次世界大戦の勃発は、日本に軍需産業の復興という特需景気をもたらした。安くて良質な労働力を必要としていた日本が朝鮮半島に目を向けて自国に食糧を供給するための政策を強化したことで、朝鮮半島の農民層はほとんど没落するようになる。済州の漁民層の生活も豊

かではなく、職業がなくて重労働に従事する人も多かった。このような政治的・社会的状況によって自然に渡日の道を選択するしかなかったが、済州島民も例外ではなかった。しかし、日本国内の事情によって渡日が簡単ではない状況が繰り返された。

表1　済州島での渡日者輩出世代の職業及び階層（1934年）

職業		渡日者輩出戸数（A）	非渡日者輩出戸数（B）	A /（A + B）
農業	地主	451	690	39.5 %
	小作	7,999	6,536	55.0 %
	紫蘇作	9,230	4,733	66.1 %
	小作	7,866	3,249	70.8 %
	小計	25,546	15,208	62.7 %
漁業		1,862	1,706	52.2 %
自由労働		1,094	364	75.0 %
商業		666	497	57.3 %
工業		251	59	81.0 %
無職		1,076	134	88.9 %
計		30,495	17,968	62.9 %

　1923年済州と大阪を繋ぐ定期旅客船の君が代丸号が就航し、渡日者が大きく増加した。解放直前まで繋がっていたこの航路を通じて、済州人の日本進出はますます増加していった。以後、断続的に渡航制限措置が取られると密航者も出たが、済州島出身者には例外を認めてくれることが多かった。解放直前、200万人余りに達した在日韓国人は大多数が帰国の道を選んだが、解放直後、済州島で流行ったコレラと済州で別段することがなかった帰国者らは再び日本に戻った。また、4.3事件の影響で、推定約5,000人余り以上が密航で渡日し、以後も金儲けのために密航する人数が増加した。特に、済州出身の密航者が多く発生した原因の一つは、他地方の出身者に比べて親戚がすでに日本に定着していて、居住や働き口を探すのにあまり苦労しなかったからであった。このような密航による渡日行列は1970年代まで続いて、1980年代以後には多くの人々が短期ビザで親戚の家に泊まりながら単純労働に従事したりした。彼らは韓国と日本を往復しながら短い期間の簡

単な労働を通じて収入を得たが、為替レートと時給を計算して見て、日本での賃金が韓国より多く、短期間の季節労働者が増加するようになった。

2-2　在日済州人の職業と暮らしぶり

　日本に渡った済州人は、ほとんど農業と漁業、自由労働及び無職などの生活が貧しい人々であった。これらは、海女だけではなく軍需工場、紡績工場など当時日本人が避けていた職種に従事して重労働も断らなかった。表2のように、自由労働や鉱業労働などに従事する人の割合よりは、ゴム、ガラス、マッチ、エナメルセルロイド、石鹸のような化学系統の仕事や、鉄工、鉄線工、琺瑯などの金属系統の仕事、紡績、縫製、メリヤスなどの繊維系統の仕事などに従事している工場労働が多かったことがわかる。また、このような周辺的な状況が済州人集住地域を構成する一つの大きな要因であったことがわかる。

表2　済州島出身者の職業（1936年）

職業		人員	比率（%）
商業		3,010	7.48
従業		244	0.61
漁業		1,780	4.42
労働者	鉱山	1,150	2.86
	繊維	9,375	21.71
	金属	6,410	14.85
	化学	12,140	28.12
	自由労働	3,263	7.56
	その他	2,736	6.34
	計	35,074	87.14
料理・食べ物		19	0.04
その他		124	0.29
流入者合計		40,251	93.22

3　在日韓国人共同体の成立と性格

3-1　共同体の成立

　1920年代を前後して相互扶助の性格を持った共同体が成立されて、以来、多様な団体が雨後の筍(たけのこ)のように出て来た。表3のように名称も貯蓄会、親睦会、同志会、青年会、修養団、親友会、親成会、革新会、親和、維新会など多様な名称を使っているが、「親睦会」という名称を使う団体が多く、目的はほぼ同一であった。1933年に発刊された大阪府『昭和8年度朝鮮人に関する統計表』によれば、30の在日韓国人団体が報告されたが、三つの団体を除いたほとんど大部分が慶尚道と全羅道であった。この中で、特に全羅道は、全団体の2/3以上である21であり、当時、全羅南道に編入されていた済州島が10で、全体の1/3を占めている。慶尚道は6団体の中で、二つの道単位の組織を持っていて、全羅道は3、忠清道と咸境道は各1であった。組織の人員も最低10人（全南羅州郡）から、255人（全南済州島舊左面金寧里）まで100人以上の団体の中のほとんどが済州島出身者の集まりであった。

表3　大阪府での地縁を基礎にした在日朝鮮の団体（1933年）

名　　称	出身地域	組織の人員
釜山同心隊副貯蓄會	慶尚南道　釜山	31
在日巨富親睦會	慶尚南道　居昌郡	170
固城同志會	慶尚南道　固城郡	80
大阪固城郡親睦會	慶尚南道　固城郡	50
在大阪南海親睦會	慶尚南道　南海郡	50
大邱一光青年會	慶尚北道　大邱府	100
湖南九姓會	全羅道	15
湖南親睦會	全羅道	70
湖南修養團	全羅道	41
古今親友會	全羅南道　完州郡	23
西好里青年會大阪支會	全羅南道　済州島	127
龍水里協和青年團	全羅南道　済州島	100
金寧里青年會	全羅南道　済州島	255
細和青年會	全羅南道　済州島	100

名　称	出身地域	組織の人員
在日本吾羅里教化革新會	全羅南道　済州島	85
三陽里親睦會	全羅南道　済州島	160
道頭親成會	全羅南道　済州島	150
新右日親會	全羅南道　済州島	100
新興里青年會大阪支部	全羅南道　済州島	170
濟州島西中面泰興里青年團	全羅南道　済州島	150
在日本荷衣共勵會	全羅南道　新安郡	50
長興親友會	全羅南道　長興郡	50
在大阪珍島青年會	全羅南道　珍島郡	170
宝城親睦會 本部	全羅南道　宝城郡	57
沃川同情會	全羅南道　沃川郡	70
錦城新興會	全羅南道　羅州市	10
麗水親和會	全羅南道　麗水市	250
忠清道親睦會	忠清道	50
咸鏡人親睦會	咸鏡人	40
堂里維新會	堂里	40

　1934年に報告された東京で活動している団体は、大阪とは多少違う様相を見せている。

　表4のように東京も大阪と同じく、慶尚道と全羅道地域の団体が主である。しかし、団体の数が全体で13に過ぎず、組織を構成している人員も最大140人に過ぎず、大阪に比べて、小規模であることがわかる。当時、在日韓国人の中で東京の居住者が大阪に比べて少なく、特定地域の人々が特定の仕事をするために東京に移住していたことを表している。また、大阪で多くの団体を組織していた済州出身者の団体は、高内青年会東京支部の一つだけであり、東京では済州出身者の数が少なく、その時までは、村単位の親睦団体が活性化していないことがわかる。以後、大阪からの移動と自然な増加によって、解放以後からは地縁による団体の結成だけではなく、血統と学縁によって新しい親睦団体が組織された。

表4　東京部での地縁を基礎にした在日朝鮮の団体（1934年）

名　称	出身地域	組織人員
在東京山清郡人會	慶尚南道　山清郡	23
在東京陝川郡人會	慶尚南道　陝川郡	140
在東京南海親睦會	慶尚南道　南海	80
在東京義城郡人會	慶尚北道　義城郡	101
唐津郡人會	全羅南道　唐津郡	46
高內青年會 東京支部	全羅南道　済州島　新右面　高內里	80
在東京順天郡人契	全羅南道　順天郡	75
麗水郡人會	全羅南道　麗水郡	31
在東京井邑鄉人會	全羅北道　井邑	60
西湖親睦會	咸鏡南道　西湖	36
在東京文川親睦會	咸鏡南道　文川	34
在東京定平定友會	咸鏡南道　定平	74
在東京新寧鄉友會	不明	85

3-2　共同体の性格と活動そして拡大

　1930年代に入って、各種の共同体が相当数設立されたことは、在日韓国人社会が1930年代以前より生活面である程度日本社会に適応していることを示す証拠である。相互扶助の目的で出発した共同体は、村を媒介として繋がり、徐々に活動範囲を広げていった。例えば、1924年8月に在日泰安島民会から厳泰小作会に170.50円を送金するとか、29年8月に在日下孝青年会、新孝共親会、吐坪青年会などが自分たちの故郷である済州島に水道設置のための資金を援助したという記事があることから考えると、自分たちの故郷に相当な支援を惜しまなかったと考えられる。実際、人々の生活は豊かではなかったが、少しずつ断続的に支援を行っていた。村単位から本格的に道単位の支援が行われたことは、韓国と日本の間の往来が自由になった1960年代初頭以後からである。特に、済州島に対する郷土支援事業は、他の地方出身者は真似ることもできないくらいの大きな単位の支援を開始し、親睦会の主力支援事業も生まれ始めた。これらの支援事業は、機関、施設のみなら

ず教育施設及び資機材の支援事業など多様な形態で行われた。

4　在日済州人共同体の成立と性格

4-1　在日済州人共同体の成立

　1923 年、月 3 回を往復する定期旅客船である君が代丸の出港で、ひと月に約 2,000 人余りに近い人員が日本に行き来することができるようになり、その終着地である大阪に済州人が密集し始めた。その中心地域は、東成と生野であった。この地域に密集した理由は、1920 年代の後半から金属、機械、化学工場などが建設され、また洪水による氾濫などで悩まされていた平野川の大規模工事に済州人が働き口を得て、ここに定着した。

　しかし、現実と理想の乖離は大きく、日本での労働と生活は、決してたやすいことではなかった。日本人が嫌がる業種に従事しなければならないことが大半であったし、一日に 10 時間以上、現場で力仕事をしなければならない生活の連続であった。差別と低賃金の不利益に耐えなければならなかったし、密航者は強制送還の恐怖から逃れられなかった。このような大変さを少しでもお互いに助け合って慰めるための共同体が作られ始めた。この共同体の求心点はまさに「故郷」であり、自然に故郷の村人を中心に組織化された。このように相互扶助、働き口についての情報交換、在日済州人間の婚姻など、日本で上手く適応しながら暮らすための運命共同体として村単位の親睦会が誕生することになった。

　済州人の親睦会は解放の前、大阪で作られ始めて今日に至るが、その最初の始まりは「青年会」であった。1922 年、西湖里青年会の大阪支会を始まりに 1924 年、「金寧里青年会」、「三五共済会」(吾羅親栄会の前身) などの名称で確認することができる。解放以後は、東京の「在日本高内里親睦会」、大阪の「吾羅親栄会」、「在日本済法建親会」などが結成された。以来、1960 年代に入って、在日済州人の共同体は村単位から脱して、道単位の親睦会を作り始めた。1961 年 2 月に東京では「在日本済州開発協会」が創立され、同年 9 月には、関西中心の「在日済州経済人協会」が発足した。続いて 62 年 9 月には「在日本済州道民会」が創立された。また、66 年には「在日済州島親睦会」が発足し、67 年 4 月には、二世中心の「在日済州青年会」が

組織された。引き続いて、75年1月には「在日仙台済友会」が組織されるなど多様な大規模の親睦団体が作られた。関西地域の道単位の親睦団体は、1994年1月に一つに統合され、今日の「関西済州道民協会」として再発足した。

4-2 在日済州人共同体の性格

1920年代から作られ始めた在日済州人共同体の最も重要な性格は、他の在日韓国人の共同体と同じく「親睦活動」であった。国語辞典によれば、親睦と言うのは「お互いに親しみ睦むこと」となっているが、在日済州人の親睦会は、このような性格がよく反映していると考えられる。相互扶助から郷土に対して支援を行う性格を持った集まりは、かなり熱心で加入会員数も増加した。一方では、日本の一般銀行からは融資を受けられない人が大部分であったので、事業費を工面するために親睦会に頼る場合もあった。また、働き口の情報なども親睦会を通じて得ることもあった。1960年代以後、関東と関西にできた道単位の親睦会は、自分たちの故郷の支援のために作られたと言っても過言ではない。済州道の知事を含めた教育監そして各機関長は、在日済州人の親睦団体と長年にわたり接触と相互訪問を通じて大規模の支援事業を導き出すことができた。この中心の一つに、本稿で論じようとする在日済州島親睦会（以下「済親会」と称する）があった。

5　在日済州島親睦会の成立と活動

5-1　済州島と在日済州人との交流

5.16以後、当時、海軍提督であった金栄冠が5月に済州道知事に赴任して気づいたことは、学校数が約2,000名に一つあるということであった。多くの学校設立には、在日済州人の助けが大きかったということを知り、彼らとの交流が極めて重要であることを悟るようになる。61年以後、道単位の親睦団体が作られ、在日済州人の親睦団体は、このような知事の努力と故郷発展に役に立たなければならないという愛郷心から済州道当局との交流を積極的に推進した。

金知事の積極的な交流推進と在日済州人に対する国家記念日の招聘活動で、

1962年4月に済州開発協会が高元一団長など18人の第一次郷土訪問団が結成されて、済州島訪問を開始して以来、各親睦会ごとに活発な往来が始まった。これらの団体は、済州道庁を含む済州道の主要機関を訪問し、道の関心事と支援要請に対して耳を傾け、訪問団はこれに応じるために郷土開発基金を寄託するに至り、以後、慣例化した。

日本では、在日済州開発協会が1963年1月に金栄冠知事を含む済州道訪日親善視察団7名を日本に招聘して東京と大阪を訪問した。以後、崔貞淑、晨星女子高等学校校長一行も日本を訪問し交流を拡大した。このように相互往来を通じて人的交流が頻繁になり、故郷を訪問する訪問者数も1962年542人から74年には4,046人に増えるなど急激に増加した。1963年以後、日本と済州を以前より自由に行き来できるようになり、済州道では母国訪問者に対する便宜を最大限に提供しようと、済州道警察局長の名義のアンケートを配布して在日済州人の政策に活用しようとした。

5-2 済親会の成立と活動状況

大阪済州親睦会に発足した「済親会」は、1966年5月25日に発足し、初代会長は、任東璋が引き受けた。当時、大阪地域には1961年9月に作られた在日済州経済人協会と1963年1月に作られた在日本済州道民会があって、会員の大部分が、両方の集まりに参加していた。これらの会員は皆、済州という求心点で団結し、ただ故郷発展と大阪に住む済州人同士の親睦のために参加していた。これらの親睦団体は、他の親睦会と大きな違いがあって活動していたわけではなかったので、創立趣旨や活動方向にほとんど変わりはなかったが、年を重ねる毎に親睦会の間で、若干、競争的に事業を進行する側面が発生した。

「済親会」の結成は、上の二つの親睦会より少し遅れて結成したせいか、二つの親睦会の長所短所をよくわかっていた。創立趣旨文にも明らかなように親睦と郷土との紐帯関係を強調し、人格の研磨にも力を入れて、日本社会で自信を持って生きて行くことを決意する内容で構成されていた。

1966年5月25日から施行された「親睦会規約」は、6枚24条で構成されていて、別に慶弔規約が定められている。1枚の総則は5条で構成されているが、5条(事業)3項に、郷土発展に寄与するという項目が明示されている。

第6章　在日済州人の渡日と親睦会研究

大阪済州親睦会　臨時総会（1966.10.24）

　興味深いのは、5項に進学・就職・結婚などの相談斡旋の内容があり、この時期から二世と関連する事業が行われていることがわかる。特に、結婚を済州出身者同士でさせるために、この集まりが役割を果たすことを明示している。自分たちの活動理念を「人和親睦」、「人格向上」、「郷土との紐帯強化」の旗を掲げて活動した。

　1969年の事業をすべて整理した報告によると、活動と創立趣旨について「1969年度、本会は過去3年間貴重な経験と事業性と土台の上に、会員相互間の親睦を図ることと同時に郷土民との紐帯強化をはかりながら郷土発展に寄与する目標で努力して来た」とある。特に、会員間の親睦については、「本会の最も基本であり、すべての事業がここから出発してここで終わる」と述べて、親睦会の設立目的を明確にしている。これは会報でも明らかなように、「大阪という大都市に住む私たちの生活環境が決して平凡ではなく、大小の事柄をなすうえで大きな問題にぶつかるが、これを一人の力だけでは乗り越えることはできない」という経験をしたので、親睦会を通じて問題を乗り越えようとする趣旨が強く表れている。つまり、共通の苦しみを持った故郷の出身者が集まってお互い助け合って励ましながら、より良い生活をして行くことができるようにすることに焦点を当てている。

　また、他人の人格を尊重することが重要であり、相手に対する思いやりと信頼関係の構築も強調している。そして、「郷土に対する深い関心を持っ

て、できるだけ郷土開発と建設に寄与することは大きな意義がある」と言い、「そのためにも郷土民との紐帯を強化する必要があり、より広い意味での「済州道民」親睦会を整えていかなければならない」と結んでいる。結論的に済親会は「人和親睦」「人格向上」「郷土との紐帯強化」を規約の核心とし、これを具現するために具体的な事業を行ってきた。

(1)「人和親睦」

　会報によれば、済親会が「人和親睦」のために行った事業には、「野遊会」と「新年会」があるが、会員夫婦だけではなく、家族全体が参加するように誘導している。1969年の例をあげれば10月に110人が参加して家族間の理解と親交を広げ、1970年1月に開催された新年会では、270人が参加して故郷のための立派な事業を広げるためにお互い励ましたという内容があった。すなわち、親睦強化を通じて故郷発展事業の参加を強調したことがわかる。また、親睦会組織の基本目的である慶弔の相互扶助も徹底的に履行していることがわかる。

(2) 人格向上

　人格向上とは、自分たちの生活に必要な事項を周知させて済州島と関連ある知識を伝達して韓国語教育と歴史、文化教育を通じて故郷愛を鼓吹する仕事をいう。「講演と映画の夜」を開催して出入国管理法案について講演し、韓国映画と記録映画の「済州島」を上映することで故郷に対する理解度を高め、次世代のために国語講習会を長期間に開催した。

　また、会報を定期的に発行して会員間の消息だけではなく、済州島の発展状況と親睦会の事業を広く広報することも行った。

(3) 郷土との紐帯強化

　故郷発展のために、多くの努力を惜しまなかった済親会は、済州道知事の蜜柑苗木寄贈の要請と中山間村の開発による地域住民の交通手段活用のための「マイクロバス寄贈」事業を行った。済親会では、以後数十年にわたって済州島がよくなるような基礎を作ることを積極的に推進した。特に、苗木寄贈事業では、未来の成果をより重視するという考えのもとに品質の良い苗木

第 6 章　在日済州人の渡日と親睦会研究

在日済州人の郷土訪問団。道知事が出迎えている。

を寄贈するために、長年の栽培伝統を有する和歌山県の奨励品種を選定した。第三次郷土訪問団の派遣とともに済州道知事に144,900株を寄贈したが、この寄贈事業は、済州島の産業発展に力を与えると同時に済州島と和歌山県、さらには日韓両国親善の架け橋の役割を果たしたことも大きな意味があった。

5-3　済親会の教育関連事業

表5によれば、在日済州人の中には、教育を受けなかった者が多く、子孫の教育に対する関心が高かった。このために教育支援事業に精魂を傾けた。

1966年に作成された金容海の親睦会事業日誌によれば、当時、済州道教育監であった崔貞淑氏の名前がしばしば登場する。親睦会で推進していたオ

表5　在日済州島の教育人力（1936年末）

%	無教育	小堂・受学	初学校卒業	中学校卒業	専門学校卒業	大学卒業	計
男	15,731 (51.8)	10,853 (35.7)	3,608 (11.9)	159 (0.5)	13 (0.0)	9 (0.0)	30,373
女	14,186 (88.2)	1,110 (6.9)	783 (4.9)	12 (0.1)	―	―	16,091
計	29,917 (64.7)	11,963 (25.7)	4,391 (9.5)	171 (0.4)	13 (0.0)	9 (0.0)	46,464

オルガン寄贈　伝達式

ルガン寄贈のために教育監との接触の経過報告、崔教育監が済州島で発行した『済州道誌』、『済州道教育現況』を送ったという内容、済州道教育委員会の庁舎の落成式に祝典を送付、韓国文教部の招聘で訪韓予定である大阪市立大池中学校校長の白井勇氏の要望で済州島地図及び雑誌、会報1、2、3号とその他を贈呈したという記録などが残っている。このように済親会は済州島の教育関連の事業に多大なる関心を寄せていたと思われる。

　1960年代半ば、当時、済州島は誰もが経済的に困難を経験しており、アメリカの救護物資に依存する場合もしばしばであった。まともな学習用具の購入は難しく、音楽の時間に必要なオルガンは、まさに贅沢品の時代であった。

　済親会は、他の親睦会とは少し異なった目新しい故郷の教育事業を拡大した。この事業がまさにオルガン寄贈であった。オルガン寄贈事業は、彼らの本願の事業の一つであった。1967年3月と8月に47台のオルガンを送った後、済州道教育庁に約束した残り69台を一日でも早く送るために郷土訪問団を結成した。当時、会員に配布した団員募集の案内状によれば、残り69台を一日でも早く送るという意志が表明されていて、これを伝達するために第二次郷土訪問団の派遣を企画していることがわかる。済親会が、全学校にオルガンを寄贈したことは特色ある寄贈事業で、一時期はオルガン親睦会と呼ばれた。

教育文化交流事業にも力を入れたが、1967年7月に大阪市外国人子弟教育問題研究協議会長兼大阪市立大池中学校の白井校長名義の招聘で、済州道教育委員会と教育課所属の奨学士である金河竜（김하룡）を団長に6名の教育文化交流団が日本の教育機関及び現場を訪問して懸け橋の役目を果たした。

6　おわりに

　在日済州人は、渡日し相互扶助のために村別で小さな共同体を組織した。これを通じて、寂しさを慰めて各種の情報を互いに提供しながら困難を打開するために努力した。ある程度、生活が安定すると道単位の大きな組織が作られ、故郷のために献身的な支援事業を行った。在日済州人の故郷愛は無条件なものであった。いかなる対価も望まなかった。故郷での貧しい時代を思いながら、故郷発展のために機会がある度に支援を惜しまなかった。

　たくさんの親睦団体があったが、特に、済親会は親睦会の基本精神を守り、故郷支援事業を持続した。蜜柑苗木寄贈事業を広げ、未来の済州島を思い、品質の良い苗木を寄贈した。また、中山間村の開発のため、住民たちの足となるマイクロバス寄贈は住民の便宜をはかる人間的な思いやりであった。済親会は特に教育支援事業に熱心であった。各種の教育資機材の提供はもちろん、済州道内の全学校にオルガン寄贈事業を行い、学生たちの情緒教育に大きく貢献した。

　このように済親会を含む在日済州人の共同体は、済州島民との紐帯を強化するために努力し、自分たちのアイデンティティを維持するための国語教育と歴史、文化教育にも力を入れるなど、済州社会の鑑（かがみ）として、今日に至っている。

[文献]

イ・チャンイク他（2014）『在日韓国人研究の動向と課題』報告社。
イ・チャンイク他（2014）『在日済州人の企業家』在日済州人センター。
カン・ウィジョン（1993）「島民会一つで団結しよう!!」『日本の済州魂：在日本済州島民会30年史』、在日本済州島民会。

シン・ジェギョン（2014）『在日済州人、彼らは誰なのか』報告社。
済州特別自治道教育庁（2011）『近・現代済州教育100年史』。
済州発展研究院（2010）『在日済州人愛郷百年』済州特別自治道。
外村大（2010 シン・ユウォン、キム・インドク訳）『在日朝鮮人社会の歴史学的研究』ノン・ヒョング。
ユン・ヨンテク、イ・チャンイク、津波高志編（2013）『済州と沖縄』報告社。

[参照資料及び論文]
キム・ヨンヘ（1965～1971）『在日本済州島親睦会　記録とインタビュー』。
コ・カンミョン（2008）『在日済州人の生と社会的ネットワーク』日本近代学研究。
シン・ジェギョン（2004）「日本の中の済州：君が代丸」『済州島』済州道。

第7章

在日コリアンの表象

難波功士

1 在日コリアン表象とは

　文学研究・文化研究の領域では、在日コリアン作家およびその作品について、さまざまな議論が積み重ねられてきた（宋 2009 など）。マンガや映画などに描かれた「在日コリアン像」についても、多くの先行研究がある（佐藤 1990、門間 1994・2004、高柳 1997・2005、四方田 2001・2006、梁 2008、李 2010、崔 2013、Dew 2016 など）。その映像分析の対象は、ドキュメンタリー（倉石 2005、丁 2013・2015）から「やくざ映画」（梁 2002）、テレビドラマ（岩渕 2014）までと幅広く、近年では「他者表象」という視点から捉え返すもの（Ko 2010、高 2013）、ジェンダー研究からアプローチするもの（梁 2003）、東アジアのインターテクスチュアルな関係性を追い、集合的な記憶と映像との関連を問うもの（鄭 2012、門間 2012、梁 2014）等々、多様なアプローチからの研究が登場してきている。こうした研究の多様化は、当然のことながら、在日コリアン表象のあり方の多様性を反映したものであるし、現実にこの社会に生きる在日コリアンたちの、さまざまな側面での多様化の進展とも連関していよう（松岡 2013・2014）。

　だが、こうした多様性・多様化とは裏腹に、一元的な在日コリアン像を掲げ、それを攻撃・排除すべき対象と断じ、自身たちのその認識枠組みから一歩も出ようとしない人々が、ここ十数年の間に発言力・存在感を強めてもきている。そうした現在だからこそ、よりアップトゥデイトな映像作品を視野

に入れつつ、在日コリアン表象の変遷をたどり、その多様なあり方を振り返ろうとする本稿の試みに、一定の意義はあるのだろう。

なお、ここで「在日コリアン」としているのは、①現在の日本国の範域内に生活の拠点を持ちつつ、②自身のアイデンティティやオリジンとして、コリアンネスという民族性や朝鮮半島（および沿岸諸島）という場所を意識している（させられている）人々すべてである[1]。本稿はそうした人々を、戦後日本で生産された映像作品群が、どのように描いてきたかを問うものである。在日コリアンをテーマとしたドキュメンタリーなどの場合を除くが、ここで問題としたいのは、映画などのコンテンツにおいて、そこに映し出された人物が実際に在日コリアンであるか否かではなく、そこでどのように在日コリアン（役）が演じられ、演出されてきたかなのである。

また「表象」という語は、「メディアによって再現前（re-presentation）されたもの」といった程度の意味合いで用いている。フランスの社会学者エミール・デュルケームの提出した、心的要素（élément mental）でありながら個々人の意識には還元されない社会的事実としての「集合表象（représentations collectives）」というコンセプト（小関 1959）は、いまだ検討すべき価値を有していようが、ここでは「集合表象としての在日コリアン」以前に、あくまでも個別のコンテンツ内での在日コリアン像の変遷を概観していきたい。そうした作業の先に、その時代ごとの「日本社会における一般的な在日コリアン観（集合表象としての在日コリアン）」が浮かび上がってくるのであろうが、本稿はまず手始めの資料整理の段階にあるとご理解いただきたい。

今回、戦後日本社会における在日コリアン像を考えるにあたって、VHSやDVDを集め、映画館等に足をはこび、さらにはネット上の動画を閲覧するなどして、116本の映像作品を通覧した[2]。アーカイブを利用すればさらに初期のドキュメンタリーや多くのニュース映像に接することもできるだろうが、それらについてはすでに先行研究もあるので、本稿ではこれまであまりふれられてこなかった娯楽映画やいわゆる「B級」作品に力点をおいてみておこうと思う。ちなみに今回参照した116本中、ドキュメンタリー映画は13本、ドキュメンタリー番組6本、バラエティ番組1本、テレビドラマ10本、いわゆる「Vシネ」的なもの16本[3]、アダルト作品4本が含まれており、他は劇映画である。なお、文献や予告編などで、本研究の分析対象に該当す

る作品であろうと見当をつけつつも、未見のものが残念ながら70本以上存在する。またマンガ作品については、とりあえず目についたものに言及するにとどまらざるをえない。それゆえ本稿は道半ばの報告ということになってしまうが、在日コリアン表象のおおまかな変遷を描くことは、現時点でも可能だと筆者としては判断している。なお、映画にはそれぞれ製作年をふっている（テレビの場合は最初に放送された年）。公開された年やVTR化・DVD化された年とずれる場合もある点をご留意いただきたい。

2　1950年代〜 ——清く、正しいものとしての

　戦後早い時期から、在日コリアンのおかれた現状を記録するドキュメンタリー映画は作られており[4]、いわゆるプログラム・ムーヴィーにもそれらしき姿は散見されるが[5]、とくに1960年前後に注目すべき作品が、数多く公開された。「にあんちゃん」（今村昌平監督 1959年）、「海を渡る友情」（望月優子監督 1960年）、「あれが港の灯だ」（今井正監督 1961年）、「キューポラのある街」（浦山桐郎監督 1962年）などがそれである[6]。

　「にあんちゃん」は、1958年に刊行された安本末子が9歳当時（1953〜54年頃）綴った日記にもとづく『にあんちゃん』（光文社）を原作本としており、戦後の炭鉱（佐賀県の杵島炭鉱大鶴鉱業所）を舞台に、20歳の長兄以下、両親を亡くした在日コリアンの4人きょうだいが、苦難の中でも助けあい、けな気に生きていく姿を描いた作品である。今村は1963年の「にっぽん昆虫記」においても、小沢昭一演じるケン（娼婦のヒモの在日コリアンという設定）を登場させている。

　今井正については、崔盛旭の研究に詳しいが、戦前・戦中に「内鮮融和」のためのプロパガンダ映画を撮りつつも、戦後は「青い山脈」「ひめゆりの塔」など平和や民主主義をテーマとした作品を作り続け、社会派と目された監督である[7]。「あれが港の灯だ」は、李承晩ライン付近で操業する漁船に乗り込む木村が、在日コリアンであるがために、緊張関係高まる日韓のはざまで苦悩するというストーリー。この映画が撮られた当時、日本の進歩的知識人たちやマスコミは、経済復興著しい北側の躍進を称えることが多く（稲垣 2003）、日本漁船を拿捕し、漁師たちを抑留する南側の軍政を批判する声

の方が強かったのである。

　北側への帰国事業を、「海を渡る友情」や「キューポラのある街」は肯定的に描いている。とくに後者は、主人公石黒ジュンを演じた吉永小百合の出世作として知られ、メジャーな映画会社が製作・配給を手がけており、興行的な成功を収めるとともに、1962年度のキネマ旬報ベスト2に選ばれた佳品でもあった。舞台は鋳物工場のたちならぶ、埼玉県川口。帰国することになった中学の同級生金山ヨシエに対して、ジュンは「よかったわね」と声をかけている。一方ジュンは、父親が工場を解雇され、高校進学のめどが立たない状態。陰りが見え始めていたとはいえ、この頃日本映画は最盛期をむかえており、吉永と浜田光夫のコンビ人気もあって、大きな社会的な関心・反響を呼んだ作品であった。

　その続編にあたる「未成年」（野村孝監督 1965年）も、北に帰国したヨシエからの手紙で始まる。そこに「ともに働き学ぶ18歳」とあるように、ジュンは工場に勤務しつつ定時制高校に通っている。そしてジュンは、「兄は北に帰りました」という朝鮮高級学校の生徒崔と知り合い、崔からヨシエの父が癌でふせっており、日本に残った妻金山美代（菅井きん）を呼び寄せたがっていると知らされる。日本人であり、このまま日本に残りたいという美代を説得するジュンと崔。崔とのつきあいを嫌がる父（宮口精二）は、「朝鮮部落でもどこでも行ってしまえ」とジュンに言い放つ。また工場の管理職は、政治的な団体に関わっているそうだがと、ジュンを問い詰める。この崔は、非常に優秀で模範的な生徒として描かれているが、崔にからんできたチンピラたちは、「朝高のボタンは高く売れる」「近くのセイガクは欲しがる」と制服のボタンをよこすよう脅しており、ケンカに強い朝鮮高級学校生というイメージも存在したこともうかがわれる。

　この時期の在日コリアン像を総じて言うならば、貧困や差別の中でも明るさを失わず、「清く、正しく」となるであろう。またそれが時代の価値観でもあった。統計数理研究所が1953年以来行っている「日本人の国民性調査」によれば、暮らし方の意識として「世の中の正しくないことを押しのけて、どこまでも清く正しく暮らすこと（清く正しく）」が1953年では29％に対し、2008年では5％となっており、「自分の一身のことを考えずに、社会のためにすべてをささげて暮らすこと（社会につくす）」のスコアも、10％から5％

に減じている[8]。便宜的な整理ではあるが、この時期の在日コリアン表象を含むコンテンツは、図1の「Ⅱ良心的・社会派」の象限に位置づけ可能であり、戦前の支配や現在の差別への反省を促す存在として在日コリアンが登場し、日本人への啓もう・啓発の意図を持つものが一般的であった。

なお、ここで言う「コリアに卓越する日本」とは、先に経済復興をとげたという意味においてである。その復興が朝鮮戦争の果実であることへの自省や戦前への贖罪という点で、コリア（ン）は日本（人）を批判しうる、倫理的に優位に立つものとしてあった。しかし経済的な優位を前提に、混乱が続く半島の情勢を懸念し、在日コリアンのおかれた苦境に親愛・同情の念をよせ、手を差し伸べようとするジュンのような存在は、21世紀的な言葉で言えば「上から目線」ということになろう。

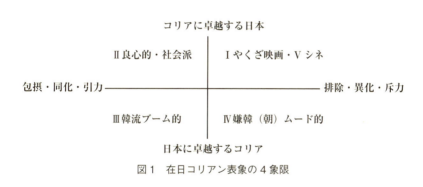

図1　在日コリアン表象の4象限

こうした「Ⅱ良心的・社会派」の系統にあって、1960年代にひときわ異彩を放ったのは、大島渚の作品群であった（大島2004、四方田2010）。1960年の「太陽の墓場」の段階では、大島はまだ松竹に属しており、大阪市西成区界隈を舞台とする中で、脇役として在日コリアン表象が存在する程度であったが[9]、その後テレビ・ドキュメンタリー「忘れられた皇軍」（1963年）を契機とし[10]、独立プロダクションを立ちあげて以降は、「日本春歌考」（1967年）、「絞死刑」（1968年）、「帰って来たヨッパライ」（1968年）など、在日コリアンの存在を主要なモチーフとした作品を発表している。「忘れられた皇軍」では、日本国籍でないがために保障を受けられず、「傷痍軍人」として街頭に立たざるをえない人々を追い、「日本春歌考」では金田幸子（吉田日出子）に

「満鉄小唄」を歌わせ[11]、「絞死刑」では李珍宇（小松川事件）を素材にさまざまな社会問題を告発し[12]、「帰って来たヨッパライ」では金嬉老（寸又峡事件）に扮したザ・フォーク・クルセダーズ北山修や、ベトナム戦争から逃れてきた韓国軍兵士を登場させるなどのギミックを凝らす、といった具合にである。

ユースクエイク（若者を震源とした騒乱）のディケードである1960年代の時代精神のもと、大島作品以外にも、永山則夫の事件にもとづく「裸の十九歳」（新藤兼人監督1970年）や井上光晴原作の「地の群れ」（熊井啓監督1970年）など、日本社会の矛盾を衝く存在として在日コリアンの姿が描かれる映画が多く作られた。

またテレビドラマ・シリーズ「若者たち」（フジテレビ1966年）において、未放送ではあるが在日コリアンへの差別・偏見がテーマとなった回も制作されていた[13]。「若者たち」は、田中邦衛演じる佐藤太郎以下5人きょうだいが、力を合わせて生きていく姿を描いて話題を呼び、映画化もされたヒット作であった。幻となった33話「さよなら」は、建築現場で働く太郎の同僚である黄英成（こうえいせい）が、日本人の妻と結婚するに際しての保証人を太郎に依頼するところから始まる（黄は臨時工という設定で、ピジンな日本語を話す）。そして、木崎侑子と名乗っている黄の妹と、佐藤家の三男・三郎（山本圭）との恋も生まれるが、侑子は「黄侑花」として北に帰国する決心をし、三郎に別れを告げる。集住地域の場面では砧を打つチョゴリ姿のハルモニも映っており、侑花と三郎がリコーダーでアリランを合奏するシーンもある。この作品でも、在日コリアンの正しさ、心の美しさが語られ、それとは裏腹な関係にある日本社会のありようが指摘されており、かつ帰国事業がポジティブに描かれている。

その後も、啓もう・啓発を目的とした映像作品において、社会の矛盾をあぶり出す役割を在日コリアンは果たしており、そうした流れの中からは「はだしのゲン」（山田典吾監督1976年）の朴さんというポピュラーなアイコンも生み出された[14]。こうした「社会派」とカテゴライズできうるような映像作品群は、ドキュメンタリー以外にも、ジョニー大倉が朴雲煥（パクウナン）の名で主演した「異邦人の河」（李學仁監督1975年）、ビートたけしが金嬉老（キム）を演じた「金の戦争」（フジテレビ1991年）、夜間中学に通うオモニ（新屋英子）が登場する「学校」（山田洋次監督1993年）、戦前の炭鉱地域の過酷な労働とそこでの差別・暴力を描いた「三たびの海峡」（神山征二郎監督1995年）、舞鶴を舞台に浮島丸

事件や反原発運動を背景とする「ニワトリはハダシだ」(森崎東監督 2003 年)、駅のホームからの転落者を身を挺して救った韓国人留学生の実話にもとづく「あなたを忘れない」(花堂純次監督 2007 年) など、断続的にではあるが今日に至るまで製作され続けてきている。

3 1970 年代〜 ——強く、哀しいものとしての

　啓もう・啓発目的の作品と対極にあると思われる、アウトローの姿を描いたコンテンツ——1960 年代以降のいわゆる「やくざ映画」「任俠路線」などから今日の「Ｖシネ」の類いに至るまで——にも、在日コリアンの姿は散見される。

　たとえば「男の顔は履歴書」(加藤泰監督 1966 年) において、その世界から俳優へと転じた安藤昇 (主人公雨宮修一役) は、「サイと呼んでください」という崔文喜 (中谷一郎) に対して「俺にとっては斎藤だ」と答えている。また、「懲役太郎　まむしの兄弟」(中島貞夫監督 1971 年) や「日本暴力列島京阪神殺しの軍団」(山下耕作監督 1975 年) などでは、「日本春歌考」でも歌われていた「満鉄小唄」によって、登場人物のバックグラウンドが示されたりもしている。

　こうしたジャンルにおける在日コリアン表象に関しては、梁仁實らの先行研究があるので、ここでは概略だけを記しておきたい。1959 年当時の広島県呉を舞台とした「新仁義なき戦い」(深作欣二監督 1974 年) では、主人公三好万亀夫 (菅原文太) の情婦として「朝鮮キャバレー」のホステス中野恵子 (池玲子) が登場し、前出「日本暴力列島京阪神殺しの軍団」では花木勇 (小林旭) と金光幸司 (梅宮辰夫) とが同胞と名乗りあい、「神戸国際ギャング」(田中登監督 1975 年) のポチ (石橋蓮司) は「ウチ生まれは釜山よ」と呟き、「実録外伝大阪電撃作戦」(中島貞夫監督 1976 年) は在日コリアンたちの愚連隊をモデルとしており (黄 1993)、「やくざの墓場・くちなしの花」(深作欣二監督 1976 年) の岩田五郎 (梅宮辰夫) は「まじりっ気なしの朝鮮人」を自称し、一方松永啓子 (梶芽衣子) はハーフという設定である。また戦前の浅草を舞台とする「総長の首」(中島貞夫監督 1979 年) では金井鉄男 (ジョニー大倉) が「朝ちゃん」呼ばわりされている。これらの作品では、在日コリアンのおか

れた境遇が真正面から取り上げられるわけではないが、隠しテーマとして匂わされているのだ。

　その後、こうした任俠路線の映画製作は衰退していくが、深作欣二監督の「いつかギラギラする日」（1992 年）ではギャング集団の一員である井村（石橋蓮司）のルーツが運転免許証からうかがえ、舞台が大阪に移された 2000 年の「新・仁義なき戦い」（阪本順治監督）では、杤野（洪）昌龍（布袋寅泰）が重要な役をつとめている。また 1960 年代後半の大阪が舞台の「ガキ帝国」（井筒和幸監督 1981 年）では、不良少年グループ間の抗争が描かれ、在日コリアンの集団も登場するが、ケン（趙方豪）は一匹狼の立場を貫いている[15]。一方「花のあすか組！」（崔洋一 1988 年）は、近未来の無国籍な街を舞台とした少年・少女たちの抗争劇だが、そこでも在日コリアンと仄めかされる人物が登場する。

　以下、描き方はさまざまにせよ、アウトローとしての在日コリアンが表象されているアクション映画等々を、そのタイトルだけ示しておくと、「セルフィムの夜」（高橋伴明監督 1996 年）、「犬、走る」（崔洋一監督 1998 年）、「凶気の桜」（薗田賢次監督 2002 年）、「Run2U」（カン・ジョンス監督 2003 年）、「偶然にも最悪な少年」（グ・スーヨン監督 2004 年）、「夜を賭けて」（金守珍監督 2004 年）、「ヒョンジェ」（井上泰治監督 2006 年）、「風の外側」（奥田瑛二監督 2008 年）、「犬と首輪とコロッケと」（長原成樹監督 2011 年）、「ハードロマンチッカー」（グ・スーヨン監督 2011 年）等々がある。V シネマ的な作品としては、「涙でいっぱいになったペットボトル」（辻裕之監督 2007 年）、「兄弟（ヒョンジェ）」（イ・ズホン監督 2007 年）などフィクション作品以外にも、金嬉老へのインタビューにもとづくドキュメンタリー・シリーズや大阪の暴走族の軌跡を追った「日韓連合」（大月英治監督 2006 年）、1950 年代の愚連隊の抗争にもとづく「修羅場の俠たち」（辻裕之監督 2005 年）、「実録悪漢」（山村淳史監督 2009 年）、国粋主義的な日本人学生たちと民族教育のもと育った在日コリアンたちとの対立を回顧した「THE 不良」（大超寺明利監督 2009 年）など、「実録もの」とも言うべきジャンルも存在している[16]。こうしたアウトローとしての在日コリアンを描いた劇映画に、もっとも頻繁に出演し、かつ重要な役を演じているのは白竜であろう。

　また、炭鉱町のアウトローな世界と接点をもちつつ育った青年の

第 7 章　在日コリアンの表象

　教養小説(ビルドゥングスロマン)である五木寛之「青春の門」は、幾度となく映像化されてきており、その主要なキャストである金（金山）朱烈を、1975 年の浦山桐郎監督作品では河原崎長一郎が、1981 年の蔵原惟繕・深作欣二監督作品では渡瀬恒彦が、2005 年の TBS でのテレビドラマ化の際には杉本哲太がそれぞれ演じている。なお、鉱夫であった金朱烈は戦後労働運動のリーダーとして活躍するが、金が自らを「北側の人間」と語った浦山版に比べ、2005 年のテレビ版ではかなり政治色が薄められているのは、監督の個性とともに、地上波テレビという媒体特性ないしは時代状況の反映なのであろう[17]。
　先の図 1 で言えば、「Ⅱ 社会派・良心的」の作品群に登場する在日コリアン像は、正面から日本社会を批判する存在であるのに対し、「Ⅰ やくざ映画・V シネ」に該当する作品群のそれは、日本の過去の汚点や現実の暗部を裏側から照射する役回りを担っているのである。

4　1990 年代〜 ──実存的ないしリアルなものとしての

　当然のことながら、図 1 の四つの象限にはなかなか収まりきらない作品もある。在日コリアン作家の純文学作品を映画化したような場合、アイデンティティをめぐる苦悩や家族・親族との葛藤がテーマとなる場合が多い。李恢成原作の「伽耶子のために」（小栗康平監督 1984 年）、柳美里原作の「命」（篠原哲雄監督 2003 年）、梁石日原作の「血と骨」（崔洋一監督 2004 年）などがそれである。
　また、健全で模範的な優等生でもなく、かつアウトローの世界に生きるわけでもない、ごくふつうの在日コリアンを描き出そうとする試みも、はやくから存在していた。1966 〜 68 年の TBS ドラマ「泣いてたまるか」では、ミッキー安川扮する「韓国人」養豚業者が、リアリティをもって描かれていた例があり（李 2011）、また「潤の街」（金佑宣監督、金秀吉脚本、姜美帆主演 1989 年）やテレビドラマ「李君の明日」（NHK、元秀一原作 1990 年）なども、大阪に暮らす在日二世・三世の若者たちの日常を描いている（木下 1997）。そして、「北の国から」で有名なディレクター杉田正道の自伝的なテレビドラマ「1970 ぼくたちの青春」（フジテレビ 1991 年）は、70 年当時の愛知県の高校生たちが織りなす「グラフィティもの」であるが、このドラマの冒頭

では、高校卒業後北に帰った金山仁（筒井道隆）から届いた「ぼくは今、国家建設のためにがんばっている」との絵葉書（主体思想塔）が映されている。番長と呼ばれた金山は、他校生とのケンカの際、強烈な頭突きを繰り出し、「あれがチョーパンか」と相手を驚愕させるような生徒だった。またこの作品からは、1990年代初頭にはまだ、帰国事業はポジティブに語られるべきとのコードがあったこともうかがえる。

こうしたいわば「等身大路線」の画期となったのが、「月はどっちに出ている」（崔洋一監督、鄭義信脚本、李鳳宇プロデュース 1993年）であった。在日コリアン・コミュニティの「あるあるネタ」を満載した作品であり、高い評価と広い反響をかちとった作品である。その後、朝鮮高級学校の日々を描いた「青〜chong〜」（李相日監督 1999年）や、「コリアンジャパニーズ」と自称する主人公杉原（窪塚洋介）の青春を描いた「GO」（行定勲監督、金城一紀原作 2001年）なども生まれた[18]。杉原の父は「朝鮮籍」から韓国籍へと転じており、杉原も民族学校から「日本の学校」に転校し、日本人女子高生との恋に戸惑うなど、さまざまなアイデンティティの揺らぎを経験している。そして1960年代の京都を舞台に、日本人の男子高校生と民族学校の女生徒との恋を回顧した青春映画「パッチギ！」（井筒和幸監督、李鳳宇プロデュース 2005年）も大きな反響を呼び、多くの映画賞を獲得していった[19]。テレビドラマにおいても、通名を使っている在日コリアン三世の男子高校生が民族学校に通う女生徒に恋をする「僕と彼女の間の北緯38度線」（関西テレビ 2007年）や、済州島出身の父親に反発する在日コリアンの若者と難民認定申請中のミャンマー人女性との恋を描いた「大阪ラブ＆ソウル　この国で生きること」（NHK 2010年）などは、この系譜に連なるものと言えよう。

またドキュメンタリーにおいても、綿密な調査をもとにその歴史をたどる「在日」（呉徳洙 1997年）や、「海女のリャンさん」（原村政樹監督 2004年）、「HARUKO　ハルコ」（野澤和之監督、フジテレビ製作 2004年）など苦難続きの女性の一生を赤裸々に描いた作品、さらには在日コリアンの若手監督によるセルフ・ドキュメンタリー「大阪ストーリー」（中田統一監督 1994年）、「あんにょんキムチ」（松江哲明監督 1999年）などが登場してくる[20]。そしてヤン・ヨンヒ監督は、総聯の活動家であった父親や北朝鮮に帰国していった兄たち家族を「ディア・ピョンヤン」（2006年）、「愛しきソナ」（2009年）で撮り、

さらには自身の体験にもとづく劇映画「かぞくのくに」(2012年) も発表してきた。中田監督は、韓国にも家庭を持つ父と日本人の母との間に大阪で生まれ、松江監督は両親ともコリアンの在日三世であるが、子どものころ家族で日本籍を取得しており、ヤン監督は一貫して朝鮮学校に通学し、そこで教師もつとめた経験も有している。こうした作り手の多様性は、とりもなおさず在日コミュニティの多様化の反映であり、当然それら映像作品の在日コリアン像にしても、「清く、正しく」もしくは「アウトローの」などといった、一様なものではありえなくなっているのである。

また、ドラマやニュース以外の番組においても日韓・日朝関係が取り上げられ、在日コリアンが登場するようになってきたことは注目に値する。「11PM」(日本テレビ系列)では1982年に「日韓シリーズ」と題して特集を組み(大橋 2016)、1987年から始まった「朝まで生テレビ！」(テレビ朝日)では1988年2月に「日本、韓国、北朝鮮」をテーマとしており、1997年9月には「激論！"在日"とニッポン」が放送され、梁石日をはじめ在日コリアンの実業家・弁護士・知識人、ワンコリアフェスティバルの実行委員長である鄭甲寿などが出演していた(鄭 2015)。

そして2002年FIFAワールドカップの日韓共催に向けて、「雷波少年」(日本テレビ)では「ラストソング」プロジェクトのコーナーが設けられた(asianh 2002)。「進め！電波少年」から派生した「雷波少年」は、本家の電波少年同様、リアリティショウとして知られた番組であり、この場合も見ず知らずの3人の若者がいきなり2002年1月にシンガポールで引き合わされ、ソウルを目ざして3カ月間貧乏旅行をともにしつつ楽曲を作り上げる様子を、ひたすらカメラで追うという企画であった。集められたメンバーは、日本人でミュージシャン志望の鳴海一幸(カズ)、韓国人で元女性ボーカルグループのリーダーだったパク・ジョンアー、在日コリアン三世の秦昌寛(チンチャンガン)である。結局、2002年3月の番組終了までに無事ソウルにたどりつき、3人の歌う「ラストソング」は、ワールドカップ公式記念CDアルバムに収録されてもいる。3カ月の長きにわたり、一般人の在日コリアン青年の姿が毎週プライムタイムの人気番組に映り続けていたことは、特記しておく価値があろう。

5 2000年代〜現在——美しいもの、もしくは疎ましいものとしての

　このように多様な在日コリアン表象が重層してきたわけだが、さらに2000年代に入ると、図1で言うところのⅢの象限に分類可能なものも出現してきた[21]。その背景には、2002年ワールドカップにおいてベスト4まで進んだ韓国に対して日本はベスト16にとどまったことに象徴されるように、電子機器・電化製品の分野のみならず、映像や音楽などコンテンツにおいても日本市場を圧倒していった「韓流（はんりゅう）パワー」がある。

　韓流作品にもっとも強く影響され、その日本バージョンを目ざしたテレビドラマとしては、「東京湾景」（フジテレビ2004年）がある。そのプロデューサー兼シナリオライターによれば、お台場で働くホワイトカラーの女性と品川埠頭で働くブルーカラーの男性との恋愛譚という原作小説の設定だけでは1クールのドラマシリーズとして弱いので、これまで連続ドラマでは一度も描かれたことのない在日コリアンの主人公（仲間由紀恵）を登場させたとのことだが（栗原2015）、どうみても韓流ドラマの換骨奪胎であった。脇をソニンや李礼（麗）仙が固めていたものの、そのストーリー展開はジェットコースターによく例えられる類のものであり、前節の「リアル」「等身大」といった形容詞とは、まったく逆の方向を向いていた。同様に、2006年の日韓共同制作のドラマ「輪舞曲（ロンド）」（TBS）は、日本の刑事シュウ（竹野内豊）と日本で韓国料理店を営むユナ（チェ・ジウ）の純愛を軸としたアクションものだが、本人は知らなかったがシュウは実はコリアンで、逆にユナは日本人であったという錯綜具合は、やはり韓流テイストと言うべきであろう。

　また映画においても、在日コリアン三世のジュエリーデザイナー（山本未來）が韓国にて小学校教師と恋に落ちる「花影」（河合勇人監督2007年）や、光州事件を背景とし、在日コリアンの母（黒田福美）とその娘（父は日本人）とが同じ韓国人男性を愛する「遠くの空」（井上春生監督2010年）などは、韓流ブームを前提として企画されたものであろう。

　だが韓流ドラマやK-POPブームの一方で、日韓・日朝関係の悪化は、図1の第Ⅳ象限に位置づけられるコンテンツも生み出しつつある。たとえば、チマチョゴリを着た女子高校生がチンピラに絡まれ、白昼に大勢の目の前で殺害されるというショッキングな事件から始まる「アジアの純真」（片嶋一

貴監督、韓英恵主演 2009 年）などは、ヘイトスピーチ的な状況を背景とした作品である。また、かつての高校間の対立をモチーフとしたＶシネ作品「喧嘩高校軍団：特攻！國士義塾 vs 朝高」（金丸雄一監督 2009 年）と「新・喧嘩高校軍団：義士高 vs 民族高」（山本芳久監督 2013 年）とを比べると、両者の間に「嫌韓」の風潮の高まりを垣間見ることができる。前者では、國士義塾側の星山（虎牙光揮）が実は在日コリアンであるという葛藤を抱えながら抗争に参加する姿も描いているが、後者では在日コリアンの集う「民族高」側はあくまでも悪役として、対照的な正（＝関東義士高）と邪（＝神奈川民族高）の構図のもとストーリーは展開していく[22]。また後者には、「韓流にうつつを抜かす日本女子」といったセリフも挿入されている。

　２本のＶシネ作品の対比からだけであまり多くを語るべきではないのだろうが、これまで述べてきたような「単純で一元的な在日コリアン像から、一つの作品の中でも複雑かつ多面的なその姿を描くようになってきた流れ」に逆行する動きも、2000 年代中盤以降顕著となってきたこともたしかである。このように「親韓（流）＝反日 ⇔ 嫌韓（流）＝愛国」といった二項対立図式のもとにすべてを押しこめ、一方的に前者を非難・批判する風潮が端的に表出したのが、2011 年に起こったフジテレビの「韓流ゴリ押し」糾弾デモの騒ぎであった。お蔵入りとなった「若者たち・さよなら」は除くとしても、もしフジテレビに対してそうした抗議行動が起こるとすれば、「金（キム）の戦争」「1970 ぼくたちの青春」の 1991 年、「東洋のストラディバリ」と呼ばれた在日コリアン陳昌鉉の半生を草彅剛が演じた「海峡を渡るバイオリン」や「東京湾景」「HARUKO　ハルコ」の 2004 年などのタイミングもあったはずなのに、なぜこの時期にデモが起こったのだろうか。やはりその背景には、いわゆる「ネトウヨ」の動きに代表されるような[23]、社会全般の「韓流ブームから嫌韓（嫌コリア）ムードへ」の移行を認めざるをえない（市川 2014、伊藤 2015）。

6　おわりに

　以上、さまざまな在日コリアン表象が並存し、かつ重層している今日までをたどってきた。その現実のあり方の多様さに即して、一律的・一面的では

ない在日コリアンの描き方が広まってきた一方で、図1で言えば、象限Ⅱ→Ⅰ→Ⅲ→Ⅳといった大まかな趨勢は指摘できよう。聖なるものとして祀り上げるのでもなく、アウトサイダーとして忌避したり好奇の視線を寄せるでもなく、美化して愛玩するのでもなく、否定すべきものとはなから決めつけるでもなく。4象限の図式的な整理・分類に収まることのない映像作品の出現を、これからも期待したいところである。

今後の希望として「円卓」（行定勲監督、西加奈子原作 2014年）を、最後に紹介しておきたい。芦田愛菜演じる小学3年生の渦原琴子（通称こっこ）は、平穏で幸せな家庭で育っているが、その平凡さ、ドラマチックな要素のなさが気にいらない。豪邸に母親と住む在日コリアンの朴（パク）くん[21]、親がベトナムからのボートピープルであったゴックん、吃音のぽっさんといった同級生たちの「普通でなさ」が羨ましくて仕方がない。ぽっさんはこっこに、お前は心の底から俺のしゃべり方カッコいいって言ってくれてうれしいけど、世間ではそれでは通らないこともあるのだと諭している。西加奈子の他の小説同様、「円卓」は多様なものを、多様なままで受け容れ、共存する作法をメッセージしている。

マンガ作品で言えば、美術を専攻する女子大生の日常を綴った「神戸在住」（木村紺 1998～2006年連載）には、在日コリアン三世の崔月姫（チェウォルヒ）をはじめ、両親は帰化した「（元）中国人」である林浩（リンハオ）など、エスニックな、時にはセクシャルなさまざまなマイノリティが登場し、主人公辰木桂との交遊の様子が淡々と描かれている。

今回は映像以外の表現領域や食文化など生活文化全般[25]、さらには在日コリアンの知識人・文化人・有名人・アーティスト・アスリートなどのメディアでの扱われ方にふれることはできなかったが、それらは今後の課題としたい。また、今回はあくまでも内容分析であり、コンテンツの流通や受容までを視野におさめてはいない。そうした不十分な点を補いつつ、個別の表象のあり方と社会意識全般との関係について、これからも追いかけていきたいと思う。「特権の上にあぐらをかく者たち」として一括りにされた在日コリアン表象が、これ以上蔓延しないことを念じつつ[26]。

第 7 章　在日コリアンの表象

[注]

1　ゆえに渡航の動機やあり方（梁 2013）、現在の国籍、使用言語や名乗りのありようは、ここでは問わない。一方、「戦場のメリークリスマス」（大島渚監督 1983 年）の朝鮮人軍属カネモト（ジョニー大倉）やいわゆる「アリラン特攻兵」などの（裵ほか 2006、デュー 2010、山口 2010、権 2015）、戦時下日本軍につき従った（従わざるをえなかった）人々、留学・研修等によるテンポラリーな日本滞在者等は（内海 1970、佐藤 1970）、とりあえず視野の外においておく（ただし、アリラン特攻兵にも日本で育った一・五世もいれば、水木しげる「さびしい人」（『奇々怪人大図鑑』ちくま文庫 1995 年所収）の主人公のように、「いよいよ体当たりという日に終戦になりました　父母は祖国にいますが祖国に帰ることもできないのです　他国の戦争の特攻に志願した人間を祖国が喜んで迎えるはずがありませんからね……」と日本に住みつくケースもある）。また「力道山」（ヤン・ヘソン監督 2004 年）や大山倍達を描いた「風のファイター」（ヤン・ユノ監督 2004 年）といったコンテンツも、ここでは扱わない。朝鮮人労働者たちの姿をシンパシーこめて描いた「有りがたうさん」（清水宏監督 1936 年）のような例もあるが（田中ほか 2000）、時期的には戦後日本で製作されたものに限定する。

2　「マルサの女」（伊丹十三監督 1987 年）にも在日コリアンの表象が指摘されているが（四方田 2001）、伊東四郎演じるパチンコ店店長やもう一方の主役である権藤（山崎努）のことを指しているのであろうか。確信が持てないため、この作品は分析対象から外している。

3　「V シネマ」は、1989 年からリリースの始まった東映のレーベル名であり、劇場公開ではなくレンタルを前提とした映像作品をいうが、その後各社同系統——主として男性向けにセックス、バイオレンス、ギャンブルをテーマとした——のコンテンツを発売していったため、普通名詞として定着している（谷岡 2008）。ここでは主に、暴力団や愚連隊、暴走族同士の抗争の実録ものやドラマタイズなどを取り上げる。

4　「朝鮮の子」（荒井英郎監督 1954 年）の製作には 1953 年結成の在日朝鮮映画人集団が携わっており、同団体はその後総聯映画製作所となる。関東大震災 80 年を期した「歴史を繰り返してはならない」（2003 年）なども同所の作品。

5　たとえば石原裕次郎主演の「赤い波止場」（舛田利雄監督 1958 年）には、パクさんこと情報屋の白石が登場しており、戦後の闇市を舞台とした勝新太郎主演の「新・悪名」（森一生監督 1962 年）では、他称・自称として「三国人」が頻出している。なお梶山季之『銀座遊俠伝』は、1970 年の光文社版で「三国人」「チョーセン」とあった箇所が、1985 年の徳間書店版では「不良外人」「チンピラ外人」となっている。同様に 1970 年に連載開始のマンガ「おとこ道」（梶原一騎原作、矢口高雄作画）も抗議を受け、単行本化に際して「三国人」の語を改めている。

6　NHK ドラマの映画化である「どたんば」（内田吐夢監督 1957 年）では、テレビ版にはなかった、在日コリアン鉱夫たちのシーンがある。

7 戦前を舞台とした「橋のない川（第二部）」（1969 年）においても、今井はチマチョゴリ姿の女性を登場させ、差別にさらされている様子を描いた。
8 金銭や名声を求める生き方は 2 割程度でほぼ変わらず。増加している志向は、「金や名誉を考えずに、自分の趣味にあったくらし方をすること（趣味）」「その日その日を、のんきにクヨクヨしないでくらすこと（のんきに）」である。もちろん 3.11 以降社会意識の変動はあろうが。
9 新世界を舞台とした「王手」（阪本順治監督 1991 年）にも、将棋道場の席主李貞錫が登場している。また「新世界プロレス」のレスラーたちを描いた「お父さんのバックドロップ」（李闘士男監督 2004 年）にも「死んだ父ちゃん韓国人」と語る少年が登場する。
10 他にも土本典昭は、ノンフィクション劇場「市民戦争」（日本テレビ 1965 年）において、広島県尾道市で在日コリアンが営む通称「国際マーケット」の強制撤去を取り上げている。
11 1932 年の軍歌「討匪行」の替え歌であり、満州の朝鮮人娼婦が満鉄職員への恨みと嘆きを、コリアン訛りの歌詞にこめて歌ったもの。
12 主役尹隆道は、もともとは大島のもとで助監督をつとめており、その後晩聲社という出版社を起こす。他にいわゆる大島組からは、崔洋一や呉徳洙などが巣立っており、大島を中心としたプロダクション創造社には最後の帰国船で北に渡った俳優永山一夫なども所属していたという（大島 2004）。
13 「さよなら」の回の放送直前に、北朝鮮の漁船員が船長らを殺害し日本に亡命を企てる「平新艇事件」があり、放送中止に追い込まれた（メディア総合研究所 2005）。
14 山田典吾は、戦時中東宝の製作部長であり、陸海軍の報道部に嘱託として出入りしていた（崔 2013）。山田は「はだしのゲン」のアニメ版も手がけている。「朴さん」は、ゲン一家を支える善人として島田順司や財津一郎が演じており、2007 年のフジテレビドラマ版においては朴永甫（勝村政信）として登場。この朴さんと同様な人物造形としては、手塚治虫『どついたれ』（1979 年から青年誌に連載開始、未完）の朴 昌烈がいる。
15 続編にあたる「ガキ帝国　悪たれ戦争」（井筒和幸監督 1981 年）では、趙は「豪田遊」の名で主演している。
16 「実録・連合赤軍　あさま山荘への道程」（若松孝二監督 2007 年）では、RIKIYA 演じる金廣志が、遠山美枝子（坂井真紀）に「キンくん」と呼ばれていた。またテレビドラマ「オリンピックの身代金」（テレビ朝日 2013 年）にも、「裏社会の面倒見」としてキン（泉谷しげる）が登場している。
17 1985 年に浦山の追悼のため「キューポラのある街」がテレビ放送された際、「朝鮮人」などの表現がカットされている（メディア総合研究所 2005）。
18 主演した窪塚洋介や脚本を手がけた宮藤官九郎の出世作として知られるが、新井浩文のデビュー作でもある。同じく金城一紀原作の「フライ，ダディ，フライ」（成島出

第 7 章　在日コリアンの表象

監督 2005 年）では、武術の達人朴瞬臣(バクスンシン)を岡田准一が演じている。
19　舞台を東京に移した続編「パッチギ！ LOVE&PEACE」（井筒和幸監督、中村ゆり主演、李鳳宇プロデュース 2007 年）では 1970 年代が回顧され、より政治的なメッセージ性が強くなっている。在日コリアンの幕間芸人（藤井隆演じる）を描いた「カーテンコール」（佐々部清監督 2006 年）など、ノスタルジーを前提とした作品が増えたのも、在日コミュニティの多様化・流動化が進んだからこそであろう。
20　松江哲明監督は、韓朝中在日ドキュメント「セキ☆ララ」（2006 年）において、在日コリアン二世・三世の AV 男優・女優を起用している。同様の例としては「私が女優になった理由：望郷篇」（バクシーシ山下監督 1994 年）がある（松江 2010）。その後もドキュメンタリー映画としては、在日コリアンの歌手新井英一を追った「清河への道」（澄田憲親監督 2005 年）、大阪朝鮮高級学校ラグビー部を描いた「60 万回のトライ」（朴思柔・朴敦史監督 2013 年）、韓国籍ではないがゆえに本貫の地済州島に渡って公演のできない劇団主宰者の葛藤をテーマとした「航路(ハンロ)」（キム・ジウン監督 2015 年）などがある。
21　一方、1990 年代頃からキッチュな韓国・北朝鮮を面白がる傾向も生じてきた（伊藤 1993、根本ほか 2013）。1996 年には「ダウンタウンのごっつええ感じ」（フジテレビ）において、ダウンタウン以下が「オジャパメン」（原曲は 1987 年韓国のアイドルグループ「消防車(ソバンチャ)」の「オジャパメ・イヤギ（夕べのこと）」）を歌っている。こうした面白がり方も、共感と愛着をこめつつも、「コリアに卓越する日本」を前提としていたように思う。
22　2016 年秋公開された「昭和最強高校伝　國士参上 !!」（高瀬将嗣監督）では、皇士舘高校と高麗学園の抗争が描かれている。中高年の「昔ワルかった」ノスタルジーには根強いものがある（栗山 2016）。
23　団鬼六の小説「肉体の賭け」には、徹底的に下劣な在日コリアン中年男性の描写があるが、1978 年の初版は桃園書房から出ており、マニアの間での流通を前提としていた。その後 1997 年の幻冬舎版によって多くの人の目にふれるようになった。こうした社会に伏流していた差別的言辞が、メディア環境の変化によって、より多くの人に可視化（可読化）されるようになった点は、ネット右翼（ネトウヨ）の現出と同型的である。ネットの普及による「嫌コリア」「嫌在日」コンテンツの噴出は、やがて出版の世界へと波及し、ムックや書籍のかたちをとってブーム化した（大泉ほか 2015）。
24　朴くんは圭史(ケイシ)と圭史(ギュサ)の二つの名を持つ。中村ゆり演じる母朋美は在日三世という設定。
25　上方落語「代書屋」には済州島出身者が登場している（杉原 1998）。食をテーマとしたものとしては、「プルコギ」（グ・スーヨン監督 2007 年）など。この映画は松田龍平主演であり、同じくグ監督の「ハードロマンチッカー」は松田翔太主演である。
26　うめざわしゅんが 2015 年に発表したマンガ「平成の大飢饉予告編」（『うめざわしゅん作品集成　パンティストッキングのような空の下』太田出版、2015 年所収）の中で主人公三上は、排外主義的な団体の会長に対して「あんたらのせいで俺がいつもカ

159

クテキ買いに行ってる韓国料理屋のババアが店畳んだらどうしてくれんだコラ」と毒づいている。

［文献］

asian h（2002）『ラストソング』日本テレビ。
裵姶美・酒井裕美・野木香里（2006）「朝鮮人特攻隊員に関する一考察」森村敏己編『視覚表象と集合的記憶：歴史・現在・戦争』旬報社。
崔盛旭（2013）『今井正』クレイン。
鄭甲寿（2015）『ハナ――ワンコリア道草回顧録』ころから。
丁智恵（2013）「1950〜60年代のテレビ・ドキュメンタリーが描いた朝鮮のイメージ」『マス・コミュニケーション研究』82。
丁智恵（2015）「「忘れられた」他者たちの声：テレビ・アーカイブからみる日韓の戦後補償問題」『韓国学のフロンティア』1、早稲田大学韓国学研究所。
デュー, オリバー（2010）「アリラン特攻兵」黒沢清ほか編『スクリーンのなかの他者』岩波書店。
Dew, Oliver（2016）*ZAINICHI CINEMA: Korean-in-Japan Film Culture*, Gewerbestrasse: Palgrave Macmillan.
黄民基（1993）『奴らが哭くまえに――猪飼野少年愚連隊』筑摩書房。
市川孝一（2014）「「韓流ブーム」から「嫌韓ムード」へ」山本浄邦編『韓流・日流』勉誠出版。
伊藤昌亮（2015）「ネット右翼とは何か」山崎望編『奇妙なナショナリズムの時代――排外主義に抗して』岩波書店。
伊藤輝夫（1993）『お笑い北朝鮮』コスモの本。
稲垣武（2003）『北朝鮮に憑かれた人々』PHP研究所。
岩渕功一（2004）「韓流が「在日韓国人」と出会ったとき」毛利嘉孝編『日式韓流――「冬のソナタ」と日韓大衆文化の現在』せりか書房。
鄭鎬碩（2012）「終わらない「金の戦争」」『（東京大学大学院情報学環紀要）情報学研究』82。
木下昌明（1997）『スクリーンの日本人――日本映画の社会学』影書房。
Ko, Mika（2010）*Japanese Cinema and Otherness: Nationalism, Multiculturalism, and the Problem of Japaneseness*, New York: Routledge.
高美哿（2013）「日本映画にみる〈在日〉女性と朝鮮人〈慰安婦〉、その声の不在」北原恵編『アジアの女性身体はいかに描かれたか』青弓社。
小関藤一郎（1958）「デュルケム　解説」『世界大思想全集　社会・宗教・科学思想篇16　ジンメル　デュルケム』河出書房新社。
権学俊（2015）「朝鮮人特攻隊員のイメージ変容――韓国における「特攻」の受け入れが

たさ」福間良明・山口誠編『「知覧」の誕生——特攻の記憶はいかに創られてきたのか』柏書房。
栗原美和子（2015）『テレビの企画書』ポプラ社。
栗山圭介（2016）『国士舘物語』講談社。
倉石一郎（2005）「おびえる日本社会、凝固化する朝鮮人問題」好井裕明編『繋がりと排除の社会学』明石書店。
李建志（2010）「制度としての「在日朝鮮人」」四方田犬彦・平沢剛編『1968年文化論』毎日新聞社。
李建志（2011）『松田優作と七人の作家たち——「探偵物語」のミステリ』弦書房。
松江哲明（2010）『セルフ・ドキュメンタリー——映画監督・松江哲明ができるまで』河出書房新社。
松岡瑛理（2013）「在日韓国・朝鮮人における「オルタナティヴ・ストーリー」——三世世代へのライフストーリー・インタビューを通じて」『ソシオロジ』58-2。
松岡瑛理（2014）「在日運動における「当事者性」はいかに効力を失ったか？——在日韓国・朝鮮人＝日本人間「ダブル／クォーター」への聞き取り調査を中心に」『年報社会学論集』27。
メディア総合研究所編（2005）『放送中止事件50年』花伝社。
門間貴志（1994）「日本映画の中の在日像」李鳳宇編『「月はどっちに出ている」をめぐる2、3の話』社会評論社。
門間貴志（2010）「朝鮮人と中国人のステレオタイプはいかに形成されたか」黒沢清ほか編『スクリーンのなかの他者』岩波書店。
門間貴志（2012）『朝鮮民主主義人民共和国映画史』現代書館。
根本敬ほか（2013）『元祖ディープ・コリア』K&Bパブリッシャーズ。
大橋巨泉（2016）『ゲバゲバ人生』講談社。
大泉実成・加藤直樹・木村元彦（2015）『さらば、ヘイト本！——嫌韓反中本ブームの裏側』ころから。
大島渚（2004）『大島渚1968』青土社。
佐藤勝巳（1970）「ルポ「韓国留学生導入」の背景」『朝鮮研究』95、日本朝鮮研究所。
佐藤忠男（1990）「日本映画に描かれた韓国・朝鮮人」佐藤忠男・李英一『韓国映画入門』凱風社。
杉原達（1998）『越境する民——近代大阪の朝鮮人史研究』新幹社。
宋安鐘（2009）『在日音楽の100年』青土社。
内海愛子（1970）「「韓国技術研修生」受け入れ計画」『朝鮮研究』100、日本朝鮮研究所。
高柳俊男（1997）「日本映画のなかの在日朝鮮人」近現代史研究所編『アリラン文化講座第4集——映像にみる在日朝鮮人』文化センター・アリラン。
高柳俊男（2005）「日本映画の中の在日コリアン像」藤原書店編集部編『歴史のなかの「在日」』藤原書店。

田中真澄ほか編（2000）『映畫読本　清水宏』フィルムアート社。
谷岡雅樹（2008）『アニキの時代——Ｖシネマに見るアニキ考』角川SSC新書。
山口隆（2010）『他者の特攻：朝鮮人特攻兵の記憶・言説・実像』社会評論社。
梁仁實（2002）「「やくざ映画」における「在日」観」『立命館産業社会論集』38-2。
梁仁實（2003）「戦後日本における「在日」女性像」『立命館産業社会論集』39-2。
梁仁實（2008）「日本のマンガにおける他者との遭遇」伊藤公雄編『マンガのなかの〈他者〉』臨川書店。
梁仁實（2013）「済州四・三と密航、そして家族物語」『アルテスリベラテス（岩手県立大学人文社会科学部紀要）』92。
梁仁實（2014）「「母性愛」の越境——日韓映画交流前史」山本浄邦編『韓流・日流』勉誠出版。
四方田犬彦（2001）「在日韓国人の表象」『アジアのなかの日本映画』岩波書店。
四方田犬彦（2006）「境界からの視線——在日映画の諸相」『世界』747、岩波書店。
四方田犬彦（2010）『大島渚と日本』筑摩書房。

終　章

離散がもたらす生の記憶の保存をめぐって

山　泰幸

　以上の各章での議論を通じて、アイデンティティと表象、そして両者の間隙を縫うように広がる生活実践の現場という三つの角度から、離散がもたらした在日コリアンの生の諸相について検討してきた。終章では、残された課題の一つとして、離散がもたらす生の記憶の保存について考えてみたい。

1　人物記念館と集合的人格

　済州大学校在日済州人センターは、済州大学校の正門に入ってすぐ左脇に建つ文化交流館の設立にともなって、その一階のスペースに 2011 年に開館した。センター内にある在日済州人室は、在日済州人の生の記憶を保存するミュージアムとなっている。ここでは、在日済州人センターの展示を取り上げて、どのような出来事を記憶すべきものとして保存しているかについて考察していく。
　部屋に入ると、入り口正面に、「在日済州人の生と歴史」と書かれたタイトルに、大きく済州島の島をかたどった立体パネルが迎えてくれる。よく見ると、多くの人々の肖像写真がパッチワークのように貼り付けられて島が描かれていることがわかる（写真 1）。島の右横には、「この展示室は在日済州人の歴史に証明を当て、故郷の発展に寄与してきた彼ら彼女らの愛郷心に基づく高貴な献身を称える場所です」とハングルと日本語で表記されている。以下の展示のすべてに、ハングルと日本語の表記がされているが、このよう

写真1　多くの肖像写真が貼り付けられた済州島のパネル

な二つの言語による表記は、単なる便宜という意味を超えて、ここが済州島にある在日済州人に関する展示であることと、誰に向けての展示であるのかを示している（以下のパネルの説明書きの引用については、基本的に日本語表記を用いたが、適宜ハングル表記を日本語訳している）。

さて、ここは故郷の発展に寄与した在日済州人を顕彰する「人物記念館」と見なすことができる。通常の人物記念館が、特定の個人を顕彰するのに対して、多くの肖像写真が示しているように、「在日済州人」という集合的人格を記念している点が異なっている。しかし、ここが人物記念館と見なされる以上、顕彰するに相応しい人物の生の歴史、ライフ・ヒストリーが提示されなければならない。言い換えれば、それぞれ異なる個人のそれぞれのライフ・ヒストリーが、あたかも一人の個人のライフ・ヒストリーのようにまとめられて提示されなければならないのである。いわば、在日済州人という集合的人格のライフ・ヒストリーである。

では、どのようなライフ・ヒストリーが提示されているだろうか。以下、展示内容を概観しながら、検討してみたい。

2　負の記憶

最初の展示コーナーのテーマは「歴史の荒々しい波に乗って」と題されて、1923年～1945年まで済州～大阪を運行した君が代丸が人々を乗せて出港する姿が描かれている。君が代丸が在日済州人の始まりのシーンとして選ばれていることがわかる。続く「済州人の日本渡航」と題されたパネルでは、渡航証明書の写真に、「昔から自然災害と中央朝廷の収奪によって苦しめられてきた済州人は、日本帝国主義の収奪によってさらに窮迫するようになった。多くの済州の人々は職を求めて、第1次世界大戦によって労働力の需要が増えた日本へ渡航するようになり、海女たちも日本・中国・ロシアへの出稼ぎ

終　章　離散がもたらす生の記憶の保存をめぐって

に行った」とある。

　ここで説明されているのは、渡日という出来事の背景にある、済州島側の要因（プッシュ要因）と日本側の要因（プル要因）である。「欠如」状態を描くことで、物語の始まりを告げるという、物語の形態論では馴染みの物語の構造に従っていることがわかる。

　また、「君が代丸」と題されたパネルでは、「君が代丸は1923年から1945年まで済州―大阪間を運行していた貨客船である。日本の海運会社である尼崎汽船によって1923年に就航されたが、その船が1925年に済州島の近沿海に向かう途中で襲われて座礁すると、その翌年からは第2君が代丸を就航させた。毎月3回、済州の各地を巡り回った後に日本へ向かった」と説明されている。興味深いのは、人々を乗せて大阪に向かう「君が代丸」の様子が立体的に壁画として描かれていることである（写真2）。君が代丸は、済州と大阪を結ぶ手段であり、在日済州人という人生の出発点を象徴するものとして提示されているのである。君が代丸は在日済州人の歴史を語るうえで、欠かすことのできない特別な意味をもっていることがわかる。

　二つ目の展示コーナーのテーマは「苦難の時代を乗り越えて」で、中心的なパネルは「日本の中の済州　生野区」である。説明書きには、「君が代丸に乗って大阪に渡る済州の人々は年を経るにつれて増えた。1934年にはその数は5万余名、済州島人口の4分の1に達した。とりわけ、東成区（現在の生野区・東成区）は〝日本の中の済州〟と呼ばれるほどに済州の人々が集住した地域で、朝鮮市場も形成されるなど済州人の共同体を形成するようになった。済州人は主にガラス工場・金属工場・ゴム工場・紡織工場などに就業し、朝から晩まで厳しい労働にあけくれ、夜には安普請の長屋の労働下宿ですし詰になって眠るといった厳しい生活を営んでいた」とある。

　次のパネルは「日本帝国主義・解放空間における済州人」とあり、「世界恐慌や関東大震災など困難な時代状況の中にあって、済州人たちの日本渡航はますます増えていった。1923年に在日済州人は1万人を超え、朝鮮人の渡航制限実施以降も、済州人の渡航は増え続けた。しかし、1934年10月には済州島からの移動も抑制され、1935年には日本在留人口は減少し始めた。但し、太平洋戦争の拡大につれ、募集の名目の強制連行が始まると、本人の意思に反して済州島から日本に送られる者もでてきた。解放後、多くの在日

165

写真2　渡日する人々を乗せて出港する君が代丸

済州人たちがただちに帰還したが、済州島での生活基盤が無いなど、日本に再渡航せざるを得ない場合も多かった。日本政府は解放後も日本にやむなく残留していたり、再渡航した人々を治安対象と見なして、外国人登録令を発布し、永住権を付与しなかった」と説明されている。

「密航と大村収容所」というパネルでは、「密航は済州人が生き延びていくための方法のひとつだった。4.3事件の前後に済州の知識人たちの相当数が日本に渡った。韓日協定が締結されて韓日両国間の交流が始まると、故郷で困窮していた済州人たちが数多く、目覚ましい高度成長を遂げつつあった日本に密航するようになった。1950年に設立された大村収容所は、1990年までに数多くの韓国人密航者を収監し、その間延べ190回、25,000余名を韓国に強制送還した。とりわけ、その大多数を占めていた済州人にとって大村収容所は涙と怨恨にまみれた歴史の現場でもあった」とある。

以上のパネルで提示されているのは、厳しい労働条件や生活環境、強制連行、4.3事件、密航と密航者が収監された収容所などの記憶である。これらは「負の記憶」と呼んでよいだろう。

本来であれば忘れてしまいたいはずの忌まわしい「負の記憶」を保存しようとする場合、大きく二つの場合がある。一つは、このような悲惨な出来事を二度と繰り返さないための未来の教訓として保存する場合である。戦争や災害、公害などの負の記憶を保存する施設の多くが、これに相当する。もう一つは、慰霊・供養としての意味合いをもっている場合である。戦争や災害などの悲惨な出来事には、多くの場合、非業の死を遂げた多くの死者をともなっている。こうした出来事の記憶を保存し、未来に継承していくことは、非業の死を遂げた人々の死を無駄にしないために必要なことであり、それこそが死者を慰霊し供養することになるとする考えに基づいている。

この両者は区別することは困難であり、負の記憶の保存という行為には、

慰霊・供養という側面が不可避的につきまとうことになる。死者をともなわない負の記憶の場合であっても、悲惨な出来事を記憶し未来の教訓とすることが、苦難に満ちた被害者・被災者の経験を無駄にしないことであり、それは被害者・被災者の慰めにもなるという考え方があるのではないだろうか。

いずれにしても、両者に共通しているのは、これが出来事の記憶であるという点である。つまり、悲惨な出来事を克服したり、最終的に成功に至ったり、幸福を獲得したりといった困難からの回復を含む一連のストーリーに位置づけられた出来事ではなく、そうしたストーリーから切り離された、ある出来事を取り出して焦点化して保存しているのである。

これらの出来事が単独で展示されていれば、負の記憶として位置づけられることだろう。しかし、在日済州人という集合的人格のライフ・ヒストリーの展示の一環として見た場合、それぞれ独立した出来事が負の記憶として提示されるのではなく、ライフ・ヒストリーの中での克服されるべき苦難の時代として位置づけられているのである。

3　困難を克服するプロセス

では、どのように困難は克服されていったのか。特徴的な展示の一つは、「差別に闘う」と題されたパネルで、「60万在日同胞は解放後、本国の南北に分かれた二つの国、および日本という三つの国で葛藤を余儀なくされてきた。日本は"外国人登録令"、"出入国管理令"、"指紋押捺令"などの実施によって、在日同胞の激しい反発を呼び起こした。そして、韓日基本条約（1965年）によって、韓国国籍を持つ者に限っては、"協定永住権"を、ついで、1991年からは朝鮮国籍を持つ在日同胞も"特別永住権"を付与されるようになった。その一方で、改訂国籍法（1985年）によって、父母の片方が日本国籍者である子弟は日本国籍を取得することができるようになった。さらに在日同胞をはじめとする様々な在日外国人の闘争の成果として、2004年には指紋押捺が全面的に撤廃されるに至った」と説明されている。

また、「日本で根を下ろす」というコーナーでは、「在日同胞2・3・4世たちは本国志向意思が強い1世とは違い、日本の文化の中で成長した世代である。1世たちは自分たちが日本社会で蔑視と差別を克服し、日本文化を積極

写真3 復元されたかつての焼肉屋

的に習い日本社会でより適応することを願った。だが、一方では日本で住みながら韓国人としてのアイデンティティを忘れず韓国と日本の架橋になることを希望した。そのため民族教育に対する熱意が高まり、組織を作り結束力を強化した」と説明されている。これに関連して、民族教育、組織、文化などのテーマ別にパネルが展示され詳しく説明がなされている。

　以上の展示は、在日済州人に限定されない在日コリアン全般に当てはまるものと言えるだろう。

　こうした展示とは別に、在日済州人を主語として記述された困難に立ち向かい克服していくプロセスがある。「在日済州人の生活の場」というパネルでは、「大阪や東京で工場労働者として働いていた在日済州人は次第に、小規模の鞄、ゴム、サンダル、プラスチックなどの工場を経営するなど、自立していった。とりわけ大阪の鶴橋は在日同胞が営んだ焼肉店が多く、焼肉はキムチとともに日本人が好む代表的な韓国料理となった」とあり、工場や焼肉店などの経営者として自立していく姿が描かれており、焼肉店とかばん屋の様子が実物大で再現されて展示されている（写真3）。これに関連して、「日本社会への適応」というパネルでも、「在日済州人たちは大部分が特別な技術を持たずに日本に渡ったせいで、当初は工場の賃金労働者として働いていた。しかし、次第に活動領域を拡大し、日本社会に溶け込んでいった。在日済州人は強靭な済州人気質と誠実を基礎に企業人、金融人、法曹人、医療人、芸術人、学者など多様な分野で活躍している」とある。

　困難を克服し、日本社会での経済的成功を収め、社会的地位の高い職業を得るなど、ここに描かれているのは「成功の物語」なのである。この点が、悲惨な出来事に特化して、これを負の記憶として保存するミュージアムとは異なっているのである。

終　章　離散がもたらす生の記憶の保存をめぐって

　注意したいのは、「企業人」「金融人」が最初に記されているように、特に、重要だと考えられているのは、在日済州人の経済的成功であった。逆に言えば、経済的成功が在日済州人の日本社会における「成功モデル」と考えられているということである。
　つまり、このセンターの展示の特徴は、成功した企業人の人物記念館としての意味合いを強く持っている点にある。これを根拠づけるように、センター設立に向けて多額の寄付を行った在日済州人の経済人・金昌仁氏を顕彰する展示室が付設されており、人物記念館としての側面を際立たせている。また、センターの設立当初より、在日済州人企業家の現況及び実態の調査を数年間に渡り実施して、韓国語と日本語での成果報告書も出版しており、経済的成功者に対する関心を強く持っていることが伺われる。

4　寄贈と愛郷心

　しかし、在日済州人の経済的成功は必ずしも展示の中心的テーマになっているわけではない。このミュージアムの設立の背景を成していることは明らかであるが、経済的成功者であることが顕彰されているわけではない。
　このミュージアムの中心的な展示は、「熱い愛郷心」のコーナーと考えられる。「在日済州人の愛郷と寄贈」というパネルでは、「在日済州人は民族差別のなかでひどい苦難を経験しながら、たとえ食事を抜いてでもお金を貯めるなどして故郷に寄贈を続けてきた。在日済州人の愛郷心は済州島の経済・社会発展の礎になった。とりわけ1960年代から約350万本の柑橘苗木を寄贈して、済州道柑橘産業の基盤造成に決定的な寄与を果たした。さらには1970年〜80年代のセマウル運動（新生活運動）を始めとして地域開発事業と教育事業にも莫大な支援を惜しまなかった」と説明されている。
　この展示に関連して、在日済州人が寄贈した済州島各地の「マウル会館（村の集会所）や電気・水道・道路など済州の基盤整備に貢献した在日済州人を記念するために建てられた「功徳碑（頌徳碑とも記す）」のレプリカが展示されている。こうした功徳碑は島内の至る所で見られるもので、寄贈した個人の名前や団体名と貢献した内容などが記されている。
　ここからわかるように、済州島の発展に多大な貢献をした在日済州人の寄

贈という行為とそこに見られる愛郷心が顕彰の対象となっているのである。
　このミュージアムは、顕在的には、在日済州人による寄贈と愛郷心を、潜在的には経済的成功者を顕彰する機能を担っているのである。

5　比較の視点から

　このことは、他の施設と比較してみるとよくわかる。2005年、日本の東京に在日韓人歴史資料館が開館しているが、この資料館の図録を見ると、次のような章立てになっている。
　第1章　日本への渡航、第2章　2・8独立宣言、第3章　関東大震災の受難、第4章　生き抜くために、第5章　解放前の暮らし、第6章　社会・労働・独立運動、第7章　強制連行、第8章　皇国臣民化教育の狂気、第9章　解放の喜び・帰国、第10章　民族の誇りをもって、第11章　奪われた言葉を子どもたちに、第12章　管理と弾圧、第13章　分断と戦争、第14章　失業と貧困、どん底の暮らし、第15章　北帰行、第16章　差別撤廃の叫び、第17章　人指し指の自由を、第18章　活躍する人々、第19章　受け継がれる風俗、第20章　家族の肖像。
　以上である。実際の展示内容もこの章立てとほぼ同様の内容となっていると考えられる。在日済州人センターと比較するとき、共通のテーマが見られると同時に、いくつかの違いに気づく。たとえば、最初の場面が、日本への渡航が展示されている点は共通しているが、興味深いのは、釜山と下関を結ぶ関釜連絡船が取り上げられている点である。在日コリアンの歴史を考えるとき、関釜連絡船が象徴的な出発点となっているのである。
　注意したいのは、この図録では、「活躍する人々」として、作家、スポーツ選手、歌手を中心に、弁護士や医者が多いことを紹介しており、この点は、在日済州人センターとも共通しているが、しかし、企業人など経済的成功者の紹介はなされていない点である。また、ここでの議論の関心から言えば、故郷への寄贈や愛郷心については触れられていない点が注目される。もちろん、設立の時期や設立の背景、出資者の性格の違いがあると思われるが、この点において展示のコンセプトが明らかに異なっているのである。
　日本ではなく済州島に設立された在日済州人センターは、在日済州人と済

終　章　離散がもたらす生の記憶の保存をめぐって

州島との間での寄贈という行為を通じた交流と貢献の記憶を保存することによって、寄贈の与え手である在日済州人に対して、済州島を「故郷」として構成し、かつ寄贈の受け手である済州島の人々にも、済州島が在日済州人にとっての「故郷」であることを認識させているのである。

　人物記念館の設立は、多くの場合、地域にゆかりの偉人を顕彰することを通じて、地域イメージを描きだし、地域の集合的記憶を形成する。さらには、地域アイデンティティを創出するうえでの装置としての役割を果たすことが知られている（山 2009）。

　在日済州人センターの特徴も、国家や民族ではなく、特定の「地域」を表象する点で共通しているが、しかし、顕彰されるべき偉人に相当する人々とその子孫が、地域の外部にいるために、地域が彼らにとって「故郷」として創出されている点に特徴がある。

　これは結果的にそうなったというよりも、むしろ意図的と考えられる。「故郷」を創り出し、その認識を将来に渡って継承させていくことは、世代交代が進む在日済州人の若い世代にとっては、「故郷」とのつながりをつなぎとめていくうえで、一方、済州島にとっては今後も在日済州人の愛郷心とそれにともなう貢献を持続させていくうえで意味があるからである。

　考えてみれば、在日済州人センター自体が、多額の寄付を基盤として作られた施設という点で「村の会館」と共通しており、寄贈の記憶を保存し顕彰しているという点では、現代の「功徳碑」と見なすことができるだろう。

6　おわりに

　2008 年、韓国仁川市に韓国移民史博物館が開館した。1902 年 12 月 22 日、激動する国内外の情勢のなかで、121 名の人々がハワイに農業労働者として移民した。それから百年以上の歳月が過ぎ、移民の歴史を記念して、韓国国内唯一の移民史博物館として設立された。現在約 700 万名の韓国人が米国をはじめ世界各地で暮らしているとされ、その移民の歴史を記録し、展示する施設となっている。最初の場面は、「挑戦の出発地　仁川」から始まり、ハワイへの移民の背景から、ハワイでの農場での厳しい労働条件と生活環境などの紹介を中心に、その克服と定着のプロセスが描かれる。ハワイ以外には、

メキシコ移民、キューバ移民など代表的な南米各地の移民先について、パネルを用いて説明し、生活の様子も再現して展示をしている。しかし、管見した限りでは、在日コリアンを特に取り上げている展示は見当たらなかった。唯一、コリアンが居住する代表的な世界の国々を映像で紹介するコーナーのなかで、日本のパネルがあっただけである。映像画面の下部に、首都や人口（在日コリアンではなく、日本の人口）、人種、言語などを記されているだけであった。在外コリアンの多数を占めているのが、在日コリアンであるにも拘わらずである。

　このことは、この博物館が「移民史」の博物館であることが関係している。国家政策による移民を正統なる移民とし、その始まりを仁川から出発したハワイ移民に求めているように、国家政策として集団として移民したのではなく、植民地期とその前後に日本へ個人や家族として個別に移り住んだ者は、「移民」の概念で捉えられていないのではないか。また時代状況に応じて、「国内」移動と見なされたり、「密航」と見なされたりしており、「移民」として捉えられていないからと考えられる。

　移民史博物館における「在日コリアンの不在」という事態は、韓国社会からの在日コリアンに対する眼差しの在り処を示すとともに、「移民」という概念が持っている自明性を改めて考えさせる。そこに回収することで見えなくなってしまうことと、そこに回収しないことで見えなくなってしまうことがある。回収するという暴力と、回収しないという暴力がそこにはある。しかしながら、「在日コリアンの不在」という事態は、「移民史」という語りからの不在であっても、その不在こそが、そこに回収されえない、あるいは回収されてはならない在日コリアンの離散という生の諸相を喚起し、想像させるものでなくてはならない。

　しかし、本書で使用している「在日コリアン」という言葉についても、これによっても見えてくるものもあれば、見えなくなってしまっていることがあるはずである。在日コリアン、在日韓国人、在日朝鮮人、在日済州人、そしてコリアン・ディアスポラ。これらのいくつもの言葉が使われていること自体が、彼ら／彼女らの離散を端的に示している。これは概念の離散であり、概念の離散は、記憶の離散につながっていく。とするならば、離散の記憶を保存することは、記憶の離散に抗することでなければならないだろう。

在日済州人センターの展示は、記憶の離散に対する一つの抵抗の形としても捉えられるのではないだろうか。たとえそれが期せずして、それとは別の記憶の離散をもたらすかもしれないとしても。

[文献]
仁川広域市立博物館／韓国移民史博物館（2012）『韓国移民史博物館（韓国語）』仁川広域市。
在日韓人歴史資料館編（2008）『写真でみる在日コリアンの100年』明石書店。
済州大学校在日済州人センター（2014）『在日済州人企業家の現況および実態調査報告書（韓国語）』。
済州大学校在日済州人センター（2014）『在日済州人企業家（日本語）』。
山泰幸（2009）『追憶する社会』新曜社。

あとがき

　本書は、2012 年度から 2015 年度にかけて、関西学院大学先端社会研究所の共同研究「アジアにおける公共社会論の構想──「排除」と「包摂」の二元論を超える社会調査」を構成する三つの研究班のうち、「日本班」の共同研究「移動民の流動性と生活戦略──「排除」と「包摂」に着目して」の成果をまとめたものである。

　2008 年 4 月に設立された先端社会研究所では、共同研究「戦争が生み出す社会」（2008 〜 2009 年度）を皮切りにいくつかの共同研究を推進してきた。本班に集まったメンバーの多くは、これらの共同研究プロジェクトに継続して参加してきたものであり、前述の共同研究「戦争が生み出す社会」や共同研究「『マチ場的なるもの』からの多文化共生論──近代都市の経験と生の多様性」（2010 〜 2011 年度）などでの問題意識やそこで得た知見を継承し熟成するかたちで、本共同研究の一角を担うこととなった。その問題意識を集約すれば、二つの点にまとめられるだろう。戦争のような大きな社会的出来事が新たな社会を生み出すという点、そして、その新たな社会は、さまざまな背景を背負った人々が、既存の境界を越えて（あるいは境界が変更されることで）、大量に移動することで形成されるという点である。

　19 世紀以降の帝国日本の形成プロセスにともなう植民地化や太平洋戦争を契機とした占領地の拡大、敗戦による帝国の崩壊とその解放、さらにその後の東西イデオロギー対立による混乱を経て、この間に、既存の境界を越えて、膨大な数の人々が移動するという事態が生じることとなった。政治体制の急激かつ大きな転換は、当該社会に新たな「排除」と「包摂」の動きをもたらす。こうした動きに連動して、人々の移動という事態が生じる。ところが、人々が流入する先の新たな土地においても、大きな国際環境の変化のうねりのなかで、「排除」と「包摂」の動きが生じており、人々の移動はそう

した動きをさらに刺激し、顕在化させることになる。人々は新たな社会の周辺的存在として位置づけられ、「排除」と「包摂」の動きに巻き込まれていくことになる。しかし、一方で、こうしたグローバルな政治体制の転換を主要な規定要因としながらも、人々はこうした変化に抗い、あるいは巧みに身をかわし、あるいはむしろ逞しく利用しながら、激動の時代を生き抜いてきたのではないか。大きな社会変動を背景としながらも、あの手この手を繰り出しながら生き抜いてきた、人々の日常的な実践に目を向けなければならないだろう。

　以上のように、本研究では、これまでの共同研究の問題意識を受け継ぎ、さらに大量の流入者を受け入れつつ生成する新たな社会において不可避的に発生する「排除」と「包摂」という動きを視野に入れながらも、そうした枠組みだけでは回収されない、人々の生の諸相を捉えることを目指すことになった。

　こうした経緯に加えて、共同研究を推進するにあたり、もう一つの重要な契機があった。編者が2010年10月に韓国の済州大学校耽羅文化研究所で行われた「泉靖一没後40周年記念セミナー」に、会議を企画したソウル大学校の全京秀教授の要請で報告者の一人として参加したが、そこで当時、同研究所所長であった許南春教授の知遇を得ることになった。翌年3月から1年間、許教授が日本に滞在されたことから交流が深まり、許教授が帰国後、許教授が設立から深くかかわっている済州大学校在日済州人センターと学術交流を進めることになったのである。

　関西学院大学にて2回、済州大学校にて1回、計3回の学術研究会・フォーラムを開催している。詳細は次の通りである。

済州大学校在日済州人センターとの学術交流

1回目
2012年度第5回先端社会研究所定期研究会 共同研究
「日本班」研究会第2回
　日時：2012年12月16日（日）13：00〜14：30
　場所：先端社会研究所セミナールーム

報告者：許南春（韓国済州大学校教授）
報告題目：「済州大学校在日済州人センターの活動と展望」
コメンテーター：山泰幸（関西学院大学人間福祉学部教授）

2回目

済州大学校在日済州人センター・関西学院大学先端社会研究所
共同シンポジウム

日時：2014年2月14日（水）14：00〜18：00
場所：済州大学校文化交流館在日済州人センター資料室
司会：李昌益（済州大学校在日済州人センター長）
通訳：康美定（済州大学校通翻訳センター）

1. 報告者：金明秀（関西学院大学社会学部）
   報告題目：「在日韓国人の民族的アイデンティティ」
   討論者：許南春（済州大学校国語国文学科）
2. 報告者：川端浩平（関西学院大学先端社会研究所）
   報告題目：「在日コリアン〈ダブル〉の日常実践と帰属感覚」
   討論者：李暻遠（済州大学校行政学科）
3. 報告者：島村恭則（関西学院大学社会学部）
   報告題目：「引揚者の戦後」
   討論者：許湖峻（ハンギョレ新聞）
4. 報告者：高廣明（済州大学校在日済州人センター）
   報告題目：「在日済州人企業家現況と経営実態」
   討論者：山泰幸（関西学院大学人間福祉学部）

3回目

2015年度第1回定期研究会（共同研究「日本班」研究会第7回）

日時：2015年6月19日（金）15：15〜17：45
場所：セミナールーム2（上ケ原キャンパス　社会学部棟3F）
研究会テーマ「在日コリアンの移動と生活」

1. 報告者：李昌益（済州大学校）
   報告題目：「在日済州人の親睦会」

2. 報告者：山口覚（関西学院大学）

      報告題目：「「宗教」の場で出会うコリアンと日本人——エスニック宗教文化の周辺」
   3. 報告者：許南春（済州大学校）

      報告題目：「在日済州人、境界人としての意味と役割」

      コメンテーター：金明秀、島村恭則、難波功士

      司会：山泰幸

　以上の研究交流を通じて、具体的かつ共通の研究テーマとして、在日コリアンに焦点が絞られていくことになった。本書の執筆陣には、在日コリアンを研究テーマとして研究業績を有する専門家が含まれており、共同研究の出発点において、すでに一定の方向性を持っていたが、しかし、こうした研究交流を通じて、特に、本書の出版を構想するに際して、これまで在日コリアンを専門的に扱って来なかった者も含めて、共通のテーマとして在日コリアンを取り上げることになった。済州大学校在日済州人センターとの研究交流が本書を編むに当たり、重要な契機となったのである。本書に収録した諸論文の多くは、これらの研究会にて報告された内容が元になっている。

　済州大学校では、「人の移動」や「ディアスポラ」という観点から、積極的に日本の研究機関との共同研究を行っており、本書の関連でいえば、たとえば津波高志編『東アジアの間地方交流の過去と現在——済州と沖縄・奄美を中心にして（琉球大学　人の移動と21世紀のグローバル社会Ⅴ）』彩流社2012などの成果を出している。本共同研究は、このような済州大学校の国際的かつ精力的な研究活動の動きに、幸いにもうまく合流することができたのである。

　済州大学校側の協力者として学術交流に積極的に尽力くださり、また本書の刊行にあたって論文を寄稿してくださった李昌益教授、許南春教授に感謝したい。

　この他、4年間を通じて、いくつかの研究会を開催している。そのうち本書に収録した論文と関係の深い研究発表は、以下の研究会で行われたものである。

2012年度第3回先端社会研究所定期研究会 共同研究
「日本班」研究会第1回
　日時：2012年11月30日（金）16：00～18：00
　場所：先端社会研究所セミナールーム
　タイトル：「二重の不可視化と日常的実践――非集住的環境で生活する在日コリアンのフィールドワークから」
　報告者：川端浩平（関西学院大学先端社会研究所専任研究員）

2014年度先端社会研究所全体研究会
　日時：2015年2月10日（火）13：00～17：00
　場所：関西学院大学上ケ原キャンパス　社会学部棟3階　先端社会研究所セミナールーム
　タイトル：「排除と包摂のはざまで――パリのコリア系住民のフォークロア研究から」
　報告者：山泰幸（関西学院大学人間福祉学部教授）

2015年度先端社会研究所全体研究会
　日時：2016年2月10日（水）13：30～17：30
　場所：先端社会研究所セミナールーム（関西学院大学上ケ原キャンパス 社会学部棟3階）
　タイトル：「在日コリアン表象の変遷」
　報告者：難波功士（関西学院大学社会学部教授）

また、本共同研究を進めるうえで、以下の研究会を開催し、多くの方々にゲストスピーカーとして協力していただいた。ここに記して感謝したい。

2012年度第6回先端社会研究所定期研究会
共同研究「日本班」研究会第3回
　日時：2012年12月16日（日）14：30～17：00
　場所：先端社会研究所セミナールーム
　著者：山口智美（モンタナ州立大学教員）、斉藤正美（富山大学教員）

討論者：山田真裕（関西学院大学法学部教授）、金明秀（関西学院大学社会学部教授）
報告題目：「『社会学の戸惑い』（勁草書房）読書会」

2012 年度第 9 回先端社会研究所定期研究会
共同研究「日本班」研究会第 4 回
日時：2013 年 2 月 28 日（木）
場所：先端社会研究所セミナールーム
報告者：松田有紀子（立命館大学大学院先端総合学術研究科）
報告題目：「「女の町」の民族誌——花街・祇園町に関する女性史学的研究」

2013 年度第 2 回先端社会研究所定期研究会
共同研究「日本班」研究会第 1 回
報告者：金明秀（関西学院大学社会学部教授）
日時：2013 年 7 月 5 日（木）15：00 〜 18：00
場所：先端社会研究所セミナールーム
報告題目：「現代日本社会における排外主義——日本のグローバル化と市民の政治参加に関する意識調査から」

2013 年度第 3 回先端社会研究所定期研究会
共同研究「日本班」研究会第 2 回
日時：2013 年 11 月 29 日（金）15：00 〜 18：00
場所：先端社会研究所セミナールーム
報告者：岡本 雅享（福岡県立大学人間社会学部 准教授）
報告題目：「出雲からみた日本のネーション・ビルディング」

先端社会研究所 2013 年度シンポジウム

『グローバリゼーションと他者問題——現代日本・韓国・オーストラリアの排外主義』
日時：2014 年 3 月 1 日（土）

場所：図書館ホール
報告者および題目：
　安田浩一（ジャーナリスト）
　「日本、韓国における草の根排外主義」

　金明秀（関西学院大学社会学部教授）
　「同化と排除の共同関係――いくつかの市民意識調査から」

　塩原良和（慶應義塾大学法学部教授）
　「他者を管理／放置する場所――オーストラリアのエスニック・マイノリティ政策とそのオルタナティブ」

2017年4月

編著者

索　引

【あ】

愛郷心 …………………… 163, 169, 170, 171
アイデンティティ … 13, 14, 15, 16, 18, 19, 41, 42,
　　　43, 46, 48, 53, 56, 59, 60, 61, 62, 65, 66, 69, 70,
　　　71, 74, 75, 78
アイデンティティ戦略 ………………………… 22
アイデンティティ問題 ………………………… 22
生野区 ……………………………………… 100
生駒山系 ………………………… 99, 105, 124
今井正 ……………………………………… 145
今村昌平 …………………………………… 145
ヴァナキュラー …… 79, 80, 81, 82, 84, 90, 91, 94
浦山桐郎 ……………………………… 145, 151
エスニシティ ……………………………………… 21
エスニック集団 …………………………… 101, 102
エスノグラフィ ………………………………… 81, 84
大阪市 ………………………………… 100, 112
大島渚 ……………………………………… 147
オルガン寄贈 …………………… 128, 139, 141

【か】

韓国移民史博物館 ……………………… 171
企業人 ………………………… 168, 169, 170
帰国事業 ……………………… 146, 148, 152
寄贈 …………………………… 169, 170, 171
北九州市 ………………………………… 116, 118
北朝鮮 ………………………………… 71, 72, 75
君が代丸 ……………………………………… 68, 69
キムチ ……………………………………… 86
キューポラのある街 ……………………… 145
境界人 …………………………………… 68, 70, 77
京都市 ……………………………………… 113
金嬉老 ………………………………… 148, 150
クッ ……………………………… 100, 105, 112
K-POP …………………………………… 154
嫌韓 ……………………………………… 155
功徳碑 ………………………………… 169, 171

神戸市 …………………… 105, 108, 112, 122, 123
GO ………………………………………… 152
国語講習所 ………………………………… 85
コムニタス ……………………… 102, 104, 124

【さ】

在日韓国人の社会成層と社会意識
　　　全国調査 ………………………………… 24
在日韓人歴史資料館 …………………… 170
在日コリアン ……… 21, 22, 23, 24, 25, 26, 33, 37
在日済州人 …………… 65, 67, 68, 69, 70, 71, 73,
　　　74, 75, 76, 77, 78
在日済州人センター ………………… 16, 70, 71
在日済州島親睦会 …………… 128, 134, 135
在日論 ……………………………………… 23, 24
在日本大韓民国民団 …………………………… 84
在日本朝鮮人総聯合会 ………………………… 84
崔洋一 ……………………………… 150, 151, 152
私文化 ………………………………… 92, 93, 94
下関市 ……………………………………… 118
集合表象 …………………………………… 144
集住地域 ………… 81, 83, 84, 86, 87, 88, 89, 90
新自由主義 ………………………………… 44
親睦会 ………… 127, 128, 131, 133, 134, 135, 136,
　　　137, 138, 139, 140, 141
人物記念館 …………………… 163, 164, 169, 171
生活実践 ………………………………… 15, 16, 19
生活世界 …………………………………… 80
青春の門 …………………………………… 151
生世界 ………………………………… 80, 81, 84, 94
成立宗教 …………………………………… 104
全羅南道 …………………………………… 107
ソウル ……… 44, 45, 46, 48, 49, 51, 52, 53, 54, 55,
　　　57, 58, 59, 60, 61, 120
総聯 ……………………………… 68, 69, 71, 72, 73, 77
祖先祭祀 …………………………………… 87, 88, 89

【た】

第 3 次在日韓国人青年意識調査 …………… 23
第 4 次在日韓国人青年意識調査 …………… 24
宝塚市 …………………………… 100, 105, 119
ダブル ……………………………………… 56
多文化共生 ………………………………… 91
団地 …………………………………… 82, 83
チェサ ………………………………… 29, 30, 100
チマチョゴリ ……………………………… 86
朝鮮学校 …………………… 46, 47, 50, 51, 57, 59, 61
朝鮮語 ………………………………… 84, 85, 88
朝鮮高級学校 ……………………… 146, 152
朝鮮寺 ……………… 99, 100, 101, 104, 111, 119, 123
月はどっちに出ている ………………… 152
鶴橋市場 …………………………………… 67
ディアスポラ …………………………… 12, 13

【な】
ニューカマー …………………………… 70, 73
人夫出し …………………………………… 82

【は】
パーソナル・ネットワーク ……………… 102
ハーフ ……………………………………… 56
廃品回収 …………………………………… 82
はだしのゲン …………………………… 148
パッチギ！ ……………………………… 152
バラック ……………………………… 82, 83, 87, 88
韓流 …………………………………… 58, 154
日雇労働 ……………………………… 82, 84, 89
表象 …………………………………… 13, 15, 19
Ｖシネ（マ） …………………………… 144, 151
福岡市 ……………………………… 81, 82, 84, 88
釜山 …………………………………… 119, 121
負の記憶 ……………………… 164, 166, 167, 168
ヘイトスピーチ ………………………… 25, 155
ホージ ………………………………… 87, 88, 89

【ま】
密航 …………………………………… 129, 134
密造酒 ……………………………………… 82
民族アイデンティティ ………………… 13, 16

民俗学 …………………………… 79, 80, 81, 84, 94
民族学校 ……………………………… 68, 71, 72, 73
民俗宗教 ………………………………… 104
民族団体 ……………………………… 84, 85, 88, 89
民族的アイデンティティ …… 21, 24, 28, 29, 81
民族文化 ………………… 71, 81, 82, 84, 85, 87, 88, 90
民族団体 …………………………………… 85
民団 …………………………… 68, 69, 71, 72, 73, 77

【や】
やくざ映画 ……………………………… 151
闇市（ヤミ市） ……………………… 82, 86, 108
ヤン・ヨンヒ …………………………… 152
養豚 ………………………………………… 82

【ら】
ライフ・ヒストリー ………………… 164, 167
離散 ………………………… 11, 12, 13, 18, 19
李珍宇 …………………………………… 148
レオナルド・N・プリミアノ ……………… 80
ロサンゼルス ………………………… 53, 56, 62

〈編著者紹介〉

山　泰幸（やま　よしゆき）
関西学院大学人間福祉学部教授
1970 年生まれ。大阪大学大学院文学研究科博士後期課程単位取得退学。博士（社会学）。専攻は民俗学、思想史、社会文化理論。主要著作に『追憶する社会』（単著、新曜社 2009）、『異人論とは何か』（共編著、ミネルヴァ書房 2015）など。

〈執筆者紹介〉（＊は編者、[　]は担当章、50 音順）

李　昌益（イ　チャンイク）[第 6 章]
済州大学校日語日文学科教授
1958 年生まれ。東海大学大学院文学研究科博士課程後期課程単位取得満期退学。専攻は日本語学（語彙論）。主要著作に『沖縄と平和』（共著、ボゴサ 2007 年）、『東アジア間地方交流の過去と現在――済州と沖縄・奄美を中心に』（共著、彩流社 2012 年）など。

川端浩平（かわばた　こうへい）[第 2 章]
福島大学行政政策学類准教授
1974 年生まれ。オーストラリア国立大学アジア学部アジア社会・歴史センター博士課程修了。Ph.D.(East Asian Studies)。専攻は社会学、カルチュラル・スタディーズ。主要著作に『ジモトを歩く――身近な世界のエスノグラフィ』（御茶の水書房 2013 年）、*Multiculturalism in East Asia: A Transnational Exploration of Japan, South Korea, and Taiwan*（共著、Rowman and Littlefield 2016.）など。

金　明秀（キム　ミョンス）[第 1 章]
関西学院大学社会学部教授
1968 年生まれ。九州大学文学部哲学科（社会学専攻）卒業。大阪大学人間科学研究科博士課程修了、博士（人間科学）。京都光華女子大学准教授を経て現職。専門は計量社会学。テーマはナショナリズム、エスニシティ、階層など。著書に『在日韓国人青年の生活と意識』（東京大学出版会）、他がある。

島村恭則（しまむら たかのり）[第 4 章]
関西学院大学社会学部教授
1967 年生まれ。筑波大学大学院博士課程歴史・人類学研究科単位取得退学。博士（文学）。専門は現代民俗学。韓国・啓明大学校客員専任講師、韓国・翰林大学校客員専任講師、秋田大学准教授などを経て現職。主要著作に、『〈生きる方法〉の民俗誌——朝鮮系住民集住地域の民俗学的研究』（関西学院大学出版会 2010 年）、『引揚者の戦後』（編著、新曜社 2013 年）、『新修福岡市史（民俗編 2　人と人びと）』（共著、福岡市 2016 年）などがある。

難波功士（なんば こうじ）[第 7 章]
関西学院大学社会学部教授
1961 年生まれ。東京大学社会学研究科修士課程修了。（株）博報堂を経て、1996 年関西学院大学社会学部専任講師に。博士（社会学）。専攻は広告論、メディア論など。主要著作に『族の系譜学——ユース・サブカルチャーズの戦後史』（青弓社 2007 年）、『メディア論』（人文書院 2011 年）、『人はなぜ〈上京〉するのか』（日本経済新聞出版 2012 年）、『「就活」の社会史』（祥伝社 2014 年）など。

許　南春（ホ ナムチュン）[第 3 章]
済州大学校国文学科教授
1958 年生まれ。専攻は民俗学、神話、詩歌論。主要著作に『済州島ポンプリと周辺神話』（単著、ポゴサ 2011）、『東アジア間地方交流の過去と現在——済州と沖縄・奄美を中心に』（共著、彩流社 2012 年）など。

山口　覚（やまぐち さとし）[第 5 章]
関西学院大学文学部教授
1971 年生まれ。関西学院大学大学院文学研究科博士課程後期課程単位取得満期退学。博士（地理学）。専攻は人文地理学。主要著作に『都市空間の地理学』（共著、ミネルヴァ書房 2006 年）、『出郷者たちの都市空間——パーソナル・ネットワークと同郷者集団』（ミネルヴァ書房 2008 年）、『集団就職とは何であったか——〈金の卵〉の時空間』（ミネルヴァ書房 2016 年）など。

＊**山　泰幸**（やま よしゆき）[序章、終章]
　編著者紹介を参照。

叢書「排除と包摂」を超える社会理論 2
〔関西学院大学先端社会研究所〕

在日コリアンの離散と生の諸相
――表象とアイデンティティの間隙を縫って

2017 年 5 月 25 日　初版第 1 刷発行

編著者　　山　　泰　幸
発行者　　石　井　昭　男
発行所　　株式会社　明石書店
〒101-0021 東京都千代田区外神田 6-9-5
電　話　03（5818）1171
FAX　03（5818）1174
振　替　00100-7-24505
http://www.akashi.co.jp

組　版　　有限会社秋耕社
装　丁　　明石書店デザイン室
印刷・製本　モリモト印刷株式会社

（定価はカバーに表示してあります）　　ISBN 978-4-7503-4509-3

JCOPY　〈(社)出版者著作権管理機構　委託出版物〉
本書の無断複写は著作権法上での例外を除き禁じられています。複写される場合は、そのつど事前に、(社)出版者著作権管理機構（電話 03-3513-6969、FAX 03-3513-6979、e-mail : info@jcopy.or.jp）の承諾を得てください。

部落問題と近現代日本 松本治一郎の生涯
世界人権問題叢書97 イアン・ニアリー著 平野裕二訳 森山沾一(高麗人権研究所プロジェクト訳)
●5800円

被差別部落の歴史と生活文化
九州部落史研究の先駆者・原口頴雄著作集成
原口頴雄著 福岡県人権研究所企画・編集
●8000円

差別・被差別を超える人権教育
世界人権問題叢書93 原田彰
同和教育の授業実践記録を読み解く
●4600円

最終推理 狭山事件
甲斐仁志
浮かびあがる真犯人
●2400円

未来へつなぐ解放運動
宮本正人
絶望から再生への〈光芒のきざし〉
●2300円

Q&A 同和問題の基礎知識【第4版】
小森哲郎
●1500円

であいがつながる人権のまちづくり 大阪・北芝まんだら物語
北芝まんだらくらぶ編著
●1800円

近代大阪の部落と寄せ場
吉村智博
都市の周縁社会史
●6800円

近代日本の社会的差別形成史の研究
増補『ミナト神戸 コレラ・ペスト・スラム』
安保則夫著 ひょうご部落解放・人権研究所編
●5800円

被差別部落の風景
西田英二
現代日本の人権問題と向き合う
●2500円

被差別部落の歴史
原田伴彦
●4300円

水平社宣言起草者 西光万吉の戦後
加藤昌彦
非暴力政策を掲げつづけて
●3300円

仏教と差別
下西忠、山口幸照、小笠原正仁編著
同和問題に取り組んだ真言僧 佐々木兼俊の歩んだ道
●2000円

講座 同朋運動
同和教育振興会編
西本願寺教団と部落差別問題【全5巻】
●各巻5000円

和歌山の部落史【全7巻】
和歌山の部落史編纂委員会編集
和歌山人権研究所著作
●各巻18000円

外国人の子ども白書
荒牧重人、榎井縁、江原裕美、小島祥美、志水宏吉、南野奈津子、宮島喬、山野良一編
権利・貧困・教育・文化・国籍と共生の視点から
●2500円

〈価格は本体価格です〉

日韓でいっしょに読みたい韓国史
未来に開かれた共通の歴史認識に向けて
徐毅植、安智源、李元淳、鄭在貞著
君島和彦、國分麻里、山﨑雅稔訳
●2000円

日韓共通歴史教材 学び、つながる 日本と韓国の近現代史
日韓共通歴史教材制作チーム編
●1600円

韓国歴史用語辞典
イ・ウンソク、ファン・ビョンソク著
三橋広夫、三橋尚子訳
●3500円

韓国独立運動家 鴎波白貞基 あるアナーキストの生涯
社団法人国民文化研究所編著　草場里見訳
●4800円

朝鮮戦争論 忘れられたジェノサイド
世界歴史叢書　ブルース・カミングス著
栗原泉、山岡由美訳
●3800円

現代朝鮮の興亡
世界歴史叢書　ロシアから見た朝鮮半島現代史
A・V・トルクノフ、V・I・デニソフ、Vi・F・リ著
下斗米伸夫監訳
●5000円

朝鮮半島冷戦と国際政治力学
対立からデタントへの道のり　金伯柱
●5800円

叢書グローバル・ディアスポラ1 東アジアのディアスポラ
駒井洋監修　小林知子、陳天璽編
●5000円

韓国経済がわかる20講
援助経済・高度成長・経済危機・グローバル化の70年の歩み
裵海善
●2500円

韓国国籍法の逐条解説
奥田安弘、岡克彦、姜成賢
●3200円

大災害と在日コリアン 兵庫における惨禍のなかの共助と共生
高祐二
●2800円

在日コリアンの戦後史 神戸の闇市を駆け抜けた文東建の見果てぬ夢
高祐二
●2800円

越境する在日コリアン 日韓の狭間を生きる人々
朴一
●1600円

ブラボー！歌うボヘミアン 在日コリアンゲイのシャンソン歌手・今里哲の歌物語
今里哲
●2800円

歴史教科書 在日コリアンの歴史〔第2版〕
在日本大韓民国民団中央民族教育委員会企画
『歴史教科書 在日コリアンの歴史』作成委員会編
●1400円

在日韓国・朝鮮人の歴史と現在
兵庫朝鮮関係研究会編
●2800円

〈価格は本体価格です〉

共同研究 安重根と東洋平和
李洙任、重本直利編著
東アジアの歴史をめぐる越境的対話
●5000円

韓国映画100年史
鄭琮樺著　野崎充彦、加藤知恵訳
その誕生からグローバル展開まで
●3200円

朝鮮引揚げと日本人
李淵植著　舘野晳訳
加害と被害の記憶を超えて
●3200円

韓国の歴史教育
金漢宗著　國分麻里、金玹辰訳
皇国臣民教育から歴史教科書問題まで
●3800円

東アジアの歴史
世界の教科書シリーズ ㊷　アンビョンウほか著　三橋広夫、三橋尚子訳
韓国高等学校歴史教科書
●3800円

東アジアの歴史 その構築
ラインハルト・ツェルナー著　小倉欣一／李成市監修　植原久美子訳
●2800円

独島・鬱陵島の研究
洪性徳、保坂祐二、朴三憲、呉江原、任徳淳著　朴智泳監訳　韓春子訳
歴史・考古・地理学的考察
●5500円

ヨーロッパからみた独島
閔有基、崔在熙、崔豪根、閔庚鉉著　舘野晳訳
フランス・イギリス・ドイツ・ロシアの報道分析
●5800円

検定版 韓国の歴史教科書
高等学校韓国史
●4600円

古代韓国のギリシャ渦文と月支国
世界の教科書シリーズ㊴　イインシク、チョンヘワン、パクチュンヒョン、パクボミ、キム・サンヒョム、ヘマン著　三橋広夫、三橋尚子訳
文化で結ばれた中央アジアと新羅
韓永大
●6800円

朝鮮時代の女性の歴史
奎章閣韓国学研究院編著　小幡倫裕訳
家父長的規範と女性の一生
●8000円

植民地朝鮮の新女性
井上和枝
●4000円

韓国人女性の国際移動とジェンダー
柳蓮淑
「民族的賢母良妻」と「自己」のはざまで
グローバル化時代を生き抜く戦略
●5700円

韓国・済州島と遊牧騎馬文化
金日宇、文素然著　井上治監訳　石田徹、木下順子訳
モンゴルを抱く済州
●2200円

朝鮮王朝儀軌
韓永愚著　岩方久彦訳
儒教的国家儀礼の記録
●15000円

国際共同研究 韓国強制併合一〇〇年 歴史と課題
笹川紀勝、邊英浩監修　都時換編
●8000円

〈価格は本体価格です〉

戦争社会学 理論・大衆社会・表象文化
好井裕明、関礼子編著
●3800円

宗教社会学 宗教と社会のダイナミックス
メレディス・B・マクガイア著　山中弘、伊藤雅之、岡本亮輔訳
●3800円

越境する近代東アジアの民衆宗教 中国・台湾・香港・ベトナム、そして日本
武内房司編著
●5000円

中国の吉祥文化と道教 祝祭から知る中国民衆の心
奈良行博
●3200円

イラストで知る アジアの子ども
財団法人アジア保健研修財団編著
●1800円

現代中国を知るための44章【第5版】
エリア・スタディーズ⑧　藤野彰、曽根康雄編著
●2000円

中国の暮らしと文化を知るための40章
エリア・スタディーズ㊻　東洋文化研究会編
●2000円

中国の歴史を知るための60章
エリア・スタディーズ㊻　並木頼壽、杉山文彦編著
●2000円

現代台湾を知るための60章【第2版】
エリア・スタディーズ㉞　亜洲奈みづほ
●2000円

現代ベトナムを知るための60章【第2版】
エリア・スタディーズ㊴　今井昭夫、岩井美佐紀編著
●2000円

現代インドを知るための60章
エリア・スタディーズ㊻　広瀬崇子、近藤正規、井上恭子、南埜猛編著
●2000円

ネパールを知るための60章
エリア・スタディーズ⑨　日本ネパール協会編
●2000円

韓国の歴史を知るための66章
エリア・スタディーズ㊻　金両基編著
●2000円

現代韓国を知るための60章【第2版】
エリア・スタディーズ⑥　石坂浩一、福島みのり編著
●2000円

在日コリアン辞典
国際高麗学会日本支部「在日コリアン辞典」編集委員会編
●3800円

写真で見る在日コリアンの100年
在日韓人歴史資料館図録
在日韓人歴史資料館編著
●2800円

〈価格は本体価格です〉

叢書 宗教とソーシャル・キャピタル

【全4巻】四六判／上製

櫻井義秀・稲場圭信【責任編集】

宗教思想や宗教的実践はどのような社会活動や社会事業を生み出し、ソーシャル・キャピタル（社会関係資本）を構築してきたのか。アジアの宗教、地域社会、ケア、震災復興という四つのテーマを通して、宗教の知られざる可能性を多面的に捉える画期的試み。

1 アジアの宗教とソーシャル・キャピタル
櫻井義秀・濱田 陽【編著】　◉2500円

2 地域社会をつくる宗教
大谷栄一・藤本頼生【編著】　◉2500円

3 ケアとしての宗教
葛西賢太・板井正斉【編著】　◉2500円

4 震災復興と宗教
稲場圭信・黒崎浩行【編著】　◉2500円

〈価格は本体価格です〉

シリーズ 差別と排除の〔いま〕
【全6巻 完結！】

日本社会の伝統的な差別形態が見えにくくなっている中で、インターネットといった新しい伝達手段の普及もあって、新たな差別と排除が広がっている。従来の類型を超えて「空間」「文化・メディア」「福祉・医療」「教育」「セクシュアリティ」という5つの視点から、現代の差別と排除をとらえるシリーズ。

四六判／上製

① 現代の差別と排除をみる視点
町村敬志、荻野昌弘、藤村正之、稲垣恭子、好井裕明 編著
◉2400円

② 都市空間に潜む排除と反抗の力
町村敬志 編著
◉2400円

③ 文化・メディアが生み出す排除と解放
荻野昌弘 編著
◉2200円

④ 福祉・医療における排除の多層性
藤村正之 編著
◉2200円

⑤ 教育における包摂と排除 もうひとつの若者論
稲垣恭子 編著
◉2400円

⑥ セクシュアリティの多様性と排除
好井裕明 編著
◉2200円

〈価格は本体価格です〉

叢書「排除と包摂」を超える社会理論

〔関西学院大学先端社会研究所〕

本叢書は、「排除」と「包摂」の二元論的思考を超え、「排除型社会」とは異なる社会のあり方・社会理論を構想するものである。

A5判／上製

1 中国雲南省少数民族から見える多元的世界
──国家のはざまを生きる民

荻野昌弘、李永祥 編著　　　　◎3800円

西欧的知の埒外にある中国雲南省の少数民族に焦点をあて、現地調査により新たな社会理論の構築を提示し、社会学のパラダイム転換をはかる。

執筆者◎村島健司／林梅／西村正男／佐藤哲彦／金明秀

2 在日コリアンの離散と生の諸相
──表象とアイデンティティの間隙を縫って

山泰幸 編著　　　　◎3800円

在日コリアン、在日済州人を中心とする移動するコリアンに焦点をあて、移動した人々のアイデンティティやみずからの文化の表象のあり方を探る。

執筆者◎金明秀／川端浩平／許南春／島村恭則／山口覚／李昌益／難波功士

3 南アジア系社会の周辺化された人々
──下からの創発的生活実践

関根康正、鈴木晋介 編著　　　　◎3800円

インド、ネパール、スリランカなどの南アジア社会および欧米の南アジア系移民社会を対象に、周辺化された人々の生活実践の創発力に注目する。

執筆者◎若松邦弘／栗田知宏／鳥羽美鈴／福内千絵／中川加奈子

〈価格は本体価格です〉